OPERA

LA BOHÈME

GIACOMO PUCCINI

Testi: Giuseppe Giacosa, Luigi Illica | Compilazione: Dongmi Lee

—— OPERA ——

LA BOHÈME
라보엠

자코모 푸치니 작곡 | 주세페 자코사 · 루이지 일리카 극본

◆ 이동미 편저 ◆

La prima esecuzione mondiale fu al Royal Theatre di Torino il 1 febbraio 1896.

자유문고

차례

주요 아리아

등장인물

RODOLFO, poeta		TENORE
로돌포, 시인		테너
SCHAUNARD, musicista		BARITONO
쇼나르, 음악가		바리톤
BENOÎT, padrone di casa		BASSO
베누아, 집주인		베이스
MIMÌ		SOPRANO
미미		소프라노
MARCELLO, pittore		BARITONO
마르첼로, 화가		바리톤
COLLINE, filosofo		BASSO
콜리네, 철학가		베이스
ALCINDORO, consigliere di stato		BASSO
알친도로, 국가 참사관		베이스
MUSETTA		SOPRANO
무제타		소프라노
PARPIGNOL, venditore ambulante		TENORE
파르피뇰, 행상인		테너
SERGENTE dei doganieri		BASSO
세관원 상사		베이스
UN DOGANIERE		BASSO
세관원		베이스

Studenti e Sartine

학생들과 여재봉사들

Borghesi

중산계급인들(부르주아)

Bottegai e Bottegaie Venditori ambulanti

상점 주인들과 행상인들

Soldati

군인들

Camerieri da caffè

식당 웨이터들(식당 종업원들)

Ragazzi

소년들

Ragazze, ecc.

소녀들 등등.

Epoca: 1830 circa. A Parigi.

시대 : 약 1830년, 파리.

극본의 해석과 주석에 관한 Tip

1. 뜻이 달려 있지 않은 단어는 개별적으로는 해석이 안 되는 경우이다.

2. 고유명사나 사전적으로 알 수 없는 내용은 *풀이로 주석을 달았다.

3. 중의적인 표현이나 대사의 의도 등을 연출자적 관점에서 해석하여 *연출 노트로 주석을 달았다.

4. 지문은 특별히 각 단어의 뜻을 달지 않고 해석하였다.

5. 각 단어의 뜻을 조합한 문자적 해석을 하지 않고, 극의 묘미를 살린 의역을 하였다.

Pioggia o polvere···

비든 먼지든···

«···pioggia o polvere, freddo o solleone, nulla arresta questi arditi avventurieri···
La loro esistenza è un'opera di genio di ogni giorno, un problema quotidiano, che
essi pervengono sempre a risolvere con l'aiuto di audaci matematiche···
Quando il bisogno ve li costringe, astinenti come anacoreti ma se nelle loro mani
cade un po' di fortuna, eccoli cavalcare in groppa alle più fantasiose matterìe,
amando le più belle donne e le più giovani, bevendo i vini migliori ed i più vecchi
e non trovando mai abbastanza aperte le finestre onde gettar quattrini; poi l'ulti-
mo scudo morto e sepolto eccoli ancora desinare alla tavola rotonda del caso, ove
la loro posata è sempre pronta; contrabbandieri di tutte le industrie che derivano
dall›arte, a caccia da mattina a sera di quell'animale feroce che si chiama: lo scudo.
La bohème ha un parlare suo speciale, un gergo··· Il suo vocabolario è l'inferno
della retorica e il paradiso del neologismo···Vita gaia e terribile!···.»

비든 먼지든, 추위든 폭염이든, 그 무엇도 이 용감한 모험가들을 멈출 수 없다. ··· 그들
에게 필요한 것은 매일매일 천재적인 작품을 만들어내는 것이며, 일상의 문제들을 위대
한 수학의 도움으로 항상 해결할 수 있게 되는 것이다.
금전적인 문제들이 마치 수행자들과도 같은 이 금욕주의자들을 압박할 때 약간의 행운
이라도 찾아온다면, 최고로 환상적인 것들로 미친 짓거리들을 할 것이다. 가장 어리고
가장 아름다운 여인들과 가장 오래된 최상급의 와인을 마시면서, 그리고 땡전 한 푼 안
남게 될 때, 마지막 한 닢이 이생을 마감하면 그들은 넘치는 욕망을 품은 채 예전의 생활
로 돌아간다. 이 무법자들은 아침부터 저녁까지, '돈'이라고 불리는 맹수를 사냥하기 위
해 예술로써 얻어낼 수 있는 모든 방법을 동원한다.
라 보엠이라는 말은 특별함을 갖는다, 은어적인··· 그 어휘는 수사학의 지옥이며 신조어
의 천국이다. ··· 즐겁고 끔찍한 인생···!

-앙리 뮈르제의 '보헤미안의 길'의 서문-

LA BOHÈME

QUADRO PRIMO

1막

«…*Mimì era una graziosa ragazza che doveva particolarmente simpatizzare e combinare con gli ideali plastici e poetici di Rodolfo. Ventidue anni; piccola, delicata… Il suo volto pareva un abbozzo di figura aristocratica; i suoi lineamenti erano d'una finezza mirabile…*

미미는 유난히 섬세하고 시적인 로돌포의 세계에 자신을 맞추는 것으로 그의 호감을 사야만 했던 우아한 여인이었다. 스물두 살에, 작고, 섬세한… 그녀의 얼굴은 마치 귀족의 모습을 묘사해놓은 것만 같다. 그녀의 선들은 경이로울 정도로 섬세했다.

«*Il sangue della gioventù scorreva caldo e vivace nelle sue vene e coloriva di tinte rosse la sua pelle trasparente dal candore vellutato della camelia…*

이 젊은 여인의 피는 혈관 속에서 경쾌하고 뜨겁게 흘렀으며, 동백나무의 부드러운 순결함 같은 그녀의 투명한 피부를 붉게 물들였다.

«*Questa beltà malaticcia sedusse Rodolfo… Ma quello che più lo rese innamorato pazzo di madamigella Mimì furono le sue manine che essa sapeva, anche tra le faccende domestiche, serbare più bianche di quelle della dèa dell'ozio.*»

이 병든 미녀는 로돌포를 유혹했다. … 하지만 그를 마드모아젤 미미에게 미치도록 사랑에 빠지게 한 것은, 그녀 스스로도 이미 알고 있었던, 집안 일을 하던 와중에도 나태의 여신의 손보다 더 하얗게 간직했던 그녀의 손이었다.

In soffitta

다락방에서

Ampia finestra dalla quale si scorge una distesa di tetti coperti di neve.

넓은 창문 너머로 눈으로 뒤 덮인 지붕들이 펼쳐져 있는 것이 보인다.

A sinistra, un camino. Una tavola, un letto, un armadietto, una piccola libreria, quattro sedie, un cavalletto da pittore con una tela sbozzata ed uno sgabello: libri sparsi, molti fasci di carte, due candelieri.

왼쪽에는 난로가 있다. (방에는) 테이블, 침대, 작은 장롱, 작은 책장, 네 개의 의자들, 캔버스가 놓인 화가용 이젤, 그리고 스툴 하나와 여기저기 놓인 책들, 많은 종이 뭉치와 두 개의 양초가 있다.

Uscio nel mezzo, altro a sinistra. Rodolfo guarda meditabondo fuori della finestra.

중앙에 문 하나가 있고, 왼쪽에 다른 문이 있다. 로돌포는 감상에 빠져 창문 밖을 바라보고 있다.

Marcello lavora al suo quadro: «Il passaggio del Mar Rosso», con le mani intirizzite dal freddo e che egli riscalda alitandovi su di quando in quando, mutando,pe 'l gran gelo, spesso posizione.

마르첼로는 추위로 인해 얼어붙은 손에 이따금씩 입김을 후후 불며, 그의 작품인 《홍해의 기적》
을 그리고 있다.

* **Il passaggio del Mar Rosso** : 직역은 '홍해의 횡단'이나, 성경 속 모세의 이야기인 '홍해가
갈라진 사건'을 가리키는 것이므로, '홍해의 기적'으로 번역하였다.

MARCELLO (seduto, continuando a dipingere)
마르첼로   (앉아서 계속 그림을 그리며)

Questo *Mar Rosso* ~ mi ammollisce   e   assidera
　이　　　홍해는　　　나를 부드럽게 하다 그리고 얼려버리다

이 홍해는 나를 유약하게 만들고 꽁꽁 얼리는 것 같군.

come se addosso ~   mi piovesse   in stille.
　마치　　　몸 위로　　나에게 비가 내리다 방울방울

마치 몸 위로 빗방울이 떨어지는 것처럼.

* **풀이** : 홍해의 물을 보니 더 추워져서, 그 물이 몸 위로 빗방울이 되어 떨어지는 것 같다는 뜻.

(si allontana dal cavalletto per guardare il suo quadro)
(자신의 그림을 보기 위해서 이젤에서 떨어져서)

Per vendicarmi, affogo   un faraon!
복수하기 위해서   익사시키다   한 파라오를

나의 복수를 위해서 파라오를 익사시키겠노라!

* **연출 노트** : 연극 배우가 되어 웅장한 대사를 하듯이 표현해 보자.

(torna al lavoro. A Rodolfo)
(다시 그리기 시작하며, 로돌포에게)

<u>Che</u> <u>fai</u>?
무엇 하다

뭐 해?

RODOLFO (volgendosi un poco)
로돌포   (살짝 몸을 돌리며)

Nei cieli   bigi guardo fumar   dai   mille
~안에 하늘 잿빛(음울한) 바라보다 연기나다 ~로부터 천 개의(수 많은)

comignoli Parigi
굴뚝들   파리

파리의 우울한 하늘에 피어 오르는 수많은 굴뚝의 연기를 바라보고 있어.

(additando il camino senza fuoco)
(불이 없는 난로를 손가락으로 가리키며)

e   penso a quel poltrone di un vecchio caminetto ingannatore
그리고 생각하다 저 게으름뱅이   한   오래된   벽난로   사기꾼(속이는)

che vive in ozio come un gran signor!
살다   태만하게 ~처럼   한 높으신 분

그리고 마치 대단히 높으신 양반인 양 무위도식하는 오래된 게으름뱅이 사기꾼 벽난
로를 생각하고 있었지.

*풀이 : 벽난로가 제 일을 하지 않고 불도 안 피우면서 벽난로인 척하고 있다는 뜻. 사실은 이
들이 돈이 없어서 난로에 불을 못 피우고 있는 상황.

MARCELLO <u>Le sue</u> rendite oneste <u>da un pezzo</u> <u>non riceve</u>.
마르첼로   그의   수입   정직한 얼마 전부터   받지 않다

그는 얼마 전부터 정당한 급료를 못 받았거든.

*풀이 : 벽난로를 의인화 하고 있다. 땔감을 넣어주지 않아서 불을 피워야 하는 의무를 다하지
못하고 있다는 뜻.

RODOLFO Quelle sciocche foreste che fan sotto la neve?
로돌포   그   멍청한   숲들 무엇 하다 아래서   눈

대체 저 멍청한 숲들은 눈 속에서 뭐 하는 거야?

MARCELLO Rodolfo, io voglio dirti un mio pensier profondo:
마르첼로　　　로돌포　나는 원하다　너에게 말하다　한 나의 생각을　　깊은

ho un freddo cane.
가지고 있다　추위　개

로돌포, 너에게 내 깊은 고뇌를 이야기해 주고 싶군… 추워 죽겠어.

＊풀이 : avere(ho) un freddo cane 혹독한 추위, 매우 춥다는 표현.

RODOLFO (soffiando sulle dita e avvicinandosi a Marcello)
로돌포　　　(손을 호호 불며 마르첼로에게 가까이 다가선다)

Ed io, Marcel, non ti nascondo che non credo al sudor della fronte.
나도　마르첼로　너에게 숨기지 않다　　나는 믿지 않다　　땀　　이마의

마르첼로, 사실 사람 이마에서 땀이 날 수 있다는 건 믿을 수 없는 말이야.

＊풀이 : 마르첼로가 엄살을 떨자 본인도 엄청 춥다는 의미로, "너만 추운 게 아니야. 나도 뭐
땀 흘리고 있는 거 같니?"라는 의미.

MARCELLO Ho diacciate le dita quasi ancor le tenessi immollate giù
마르첼로　　　꽁꽁 얼다　손가락　거의　다시　마치 푹 빠진 상태로 가지고 있다　밑에

in quella gran ghiacciaia che è il cuore di Musetta…
그 안에　　큰　　빙하　~인　심장(마음)　무제타의

나는 다시 큰 빙하 깊은 곳에 손가락을 푹 담가서 꽁꽁 얼려버린 것 같아. 마치 무제타
의 심장 속에 넣은 것 같이…

(lascia sfuggire un lungo sospirone, e tralascia di dipingere, deponendo tavolozza e
pennelli)
(긴 한숨을 쉰다. 그리고 팔레트와 붓을 내려 놓으며 그림 그리는 것을 멈춘다)

RODOLFO L'amor è un caminetto che sciupa troppo…
로돌포　　　사랑　이다　한 벽난로　　　낭비하는　지나치게

사랑은 지나치게 소모적인 벽난로와 같지.

＊풀이 : 장작이 쉽게 타 없어지므로, 뜨겁게 타고 식어버리는 사랑과 난로를 비유.

MARCELLO …e in fretta!
마르첼로　　그리고　서둘러서, 급히

그것도 아주 빠르게!

RODOLFO ···dove l'uomo è fascina···
로돌포　　 ~한 곳에　남자　이다　묶음

남자가 장작더미라면

MARCELLO ···e la donna è l'alare···
마르첼로　　 그리고　여자는　이다　장작 받침

여자는 장작 받침이지.

RODOLFO ···l'uno brucia <u>in un soffio</u>···
로돌포　　 하나　불타다　　한 숨에

하나는 단숨에 불타버리고

MARCELLO ···e l'altro <u>sta a guardare.</u>
마르첼로　　 그리고　다른 하나　바라보고 있다

다른 하나는 그걸 쳐다만 보지.

RODOLFO Ma intanto qui <u>si gela</u>···
로돌포　 하지만　일단　여기　얼어붙다

그건 그렇고 얼어 죽겠군···

MARCELLO ···e <u>si muore</u> d'inedia!···
마르첼로　　 그리고　지경이다　절식

그리고 굶어 죽을 지경이라구!

RODOLFO Fuoco <u>ci vuole</u>···
로돌포　　 불　필요하다

불 좀 피워야겠어.

MARCELLO (afferrando una sedia e facendo atto di spezzarla)
마르첼로　 (의자를 하나 잡아서 부수는 시늉을 하면서)

Aspetta··· sacrifichiam la sedia!
기다리다　 희생시키다　 의자

기다려봐, 의자를 희생시키자! (의자를 태우자)

RODOLFO (impedisce con energia l'atto di Marcello)
로돌포　(마르첼로의 행동을 강하게 저지하면서)

Eureka! (con gioia, per un'idea che gli è balenata)
유레카!　(반짝 떠오른 아이디어에 기뻐하며)

유레카!

*Eureka! : 갑자기 번뜩이는 아이디어가 떠올랐을 때나 깨달음이 왔을 때 하는 말.

(corre alla tavola e ne leva un voluminoso scartafaccio)
(테이블로 뛰어가서 두툼한 원고 뭉치를 집는다)

MARCELLO　Trovasti?
마르첼로　　　발견하다

뭘 좀 찾아냈어?

RODOLFO　Sì.　　　Aguzza　　　l'ingegno. L'idea　vampi　in fiamma.
로돌포　　　응　끝을 날카롭게 하다　천부적 재능　상념　활활 타오르다　불꽃 속에서

응. 날카로운 발상이지. 상념이 불 속에서 활활 타오르겠군!

*풀이 : 이탈리아어 표현에서, 머리가 비상한 사람은 날카롭게 단련이 되어 있는 것(aguzzo)
으로 표현하고, 반대의 경우는 둥그스레하다는(ottuso) 표현으로 예리하고 날카롭지 못함을
나타낸다. 우리말의 '예리한 생각'이라는 표현과 비슷하다고 생각할 수 있다.

*L'idea vampi in fiamma : 자신의 작품 속의 아이디어(이념, 생각), 즉 작품이 제 가치를 할
거라는 의미로 해석.

MARCELLO　(additando il suo quadro)
마르첼로　　　(자신의 그림을 손가락으로 가리키며)

Bruciamo　il *Mar Rosso*?
　태우다　　　홍해

그럼, 홍해를 태울까?

*연출 노트 : 로돌포가 멋진 작품이 활활 타오를 거라고 자화자찬을 하자, 마르첼로는 로돌포
가 자신의 작품 얘기하는 것처럼 너스레를 떨며 홍해를 태우자고 한 것이라고 볼 수 있다.
이후에 서로를 놀리기 시작한다. '아~ 그럼 이 천재적인 그림을 태워볼까?'라며 너스레를
떨듯이 해보자.

RODOLFO   No.   Puzza   la tela   dipinta.
로돌포   아니   악취가 나다   천, 캔버스   그림이 그려진

아니, 그림 그려진 캔버스는 (태우면) 냄새나.

Il mio dramma, l'ardente mio dramma ci   scaldi.
나의   비극(작품)   불타는   나의   비극   우리를   따뜻하게 하다

나의 작품, 이 나의 격렬한 비극은 우리를 따뜻하게 해 줄 거야.

* 풀이 : 드라마dramma는 비극 작품을 이야기한다. Ardente는 '불타는, 격렬한, 열렬한'의 뜻
으로, 적절한 형용사를 사용함으로써 문장의 묘미를 더욱 살리고 있다.

MARCELLO   (con comico spavento)
마르첼로   (코믹하게 놀라는 표정을 지으며)

Vuoi   leggerlo forse? Mi   geli.
원하다   그것을 읽다 혹시   나를   얼리다

너 그거 읽으려는 거야? 얼어 죽겠군.

RODOLFO   No, <u>in cener</u> la carta   <u>si sfaldi</u>   e   l'estro   rivoli
로돌포   아니다 잿더미에   종이   얇은 조각이 되다 그리고 영감   다시 날아오르다

<u>ai suoi</u> cieli.
그의   하늘

아니, 종이는 얇게 부서져 재가 되고, 그 영감은 다시 하늘로 날아 오르겠지.

(con importanza)
(장엄한 목소리로)

«<u>Al secol</u>   gran danno minaccia··· è   Roma <u>in periglio</u>···»
세기 동안   큰   피해   협박하다   이다   로마   위험 속에

"이 세기에는 엄청난 위험이 닥쳐오고 있다. ··· 로마는 위험에 처했다. ···"

* 풀이 : 자신의 작품을 가리켜 위험한 물건이라고 말하는 것이며, 물론 장난스러운 표현이다.
결국은 자신의 작품을 태워 버리는데, 이 말의 의도를 들여다보면, '이거 매우 위험한 물건
이니, 어서 태워버리자!'이다. 이탈리아에서 로마는 크게 2가지를 상징하는데, 로마제국이
나 교회(바티칸)를 의미한다. 교회를 의미한다면 '아마도' 성적으로 문란한 내용이거나 하여
교회가 위험에 처했다는 농담으로 생각해볼 수 있고, 로마제국을 이야기한다면 네로황제에
의해서 로마가 불에 탔던 것을 이야기하며 지금 자기가 불을 지펴 로마를 태우겠다는 의미
도 된다.

*연출 노트 : 위대한 고대 연설가가 되어 이야기하듯 과장된 동작까지 넣으면 더 좋겠다.

MARCELLO   (con esagerazione)
마르첼로   (과장하면서)

　　Gran cor!
　　위대한 마음

　　자비로우신 분!

*풀이 : Gran cuore는 베푸는 마음이 넘치는 사람에게 사용하는 감탄사적 표현이다.

RODOLFO   (dà a Marcello una parte dello scartafaccio)
로돌포   (마르첼로에게 원고의 한 부분을 건넨다)

　　A te   l'atto primo.
　　너에게   막   첫 째의

　　자, 1막 받아.

MARCELLO   Qua.
마르첼로   여기

　　자, 여기 있어.

RODOLFO Straccia.
로돌포   찢다

　　찢어.

MARCELLO   Accendi.
마르첼로   불을 켜다

　　불을 켜.

(Rodolfo batte un acciarino accende, una candela e va al camino con Marcello: insie-
me danno fuoco a quella parte dello scartafaccio buttato sul focolare, poi entrambi
prendono delle sedie e seggono, riscaldandosi voluttuosamente)
(로돌포는 부싯돌을 쳐서 양초 하나를 켜고 마르첼로와 함께 난로로 간다. 함께 난로에 폐종이를
넣은 쪽에 불을 지핀다. 둘다 의자를 하나씩 가져와 앉아서는 쾌감을 느끼며 몸을 녹인다)

RODOLFO E MARCELLO
로돌포와   마르첼로

Che lieto baglior!
감탄 즐거운 섬광

오, 경쾌한 불빛!

(si apre con fracasso la porta in fondo ed entra Colline gelato, intirizzito, battendo i piedi, gettando con ira sulla tavola un pacco di libri legato con un fazzoletto)
(문이 쾅 하고 열리며, 몸이 얼어서 추위에 떠는 콜리네가 발을 구르며 들어와서는 손수건으로 묶인 책 뭉치를 테이블 위에 격하게 던져 놓는다)

COLLINE Già dell'Apocalisse appariscono i segni. In giorno di Vigilia
콜리네 이미 세계종말의, 묵시 나타나다 징조 날에 크리스마스 이브의

non si accettano pegni!
받지 않다 저당물

벌써 종말의 징조가 보이는군. 크리스마스 이브에는 저당물을 받지 않는다니!

＊풀이 : 종말의 징조는 우리말 표현으로는 '말세군!' 정도가 되겠다.

＊연출 노트 : 매우 화가 난 상황이다. 크리스마스를 돈 한 푼 없이 보내게 됐으니 말이다. '이거 말세군! 아니, 크리스마스 이브에 저당을 안 잡아주면 어쩌라는 거야!'라는 느낌으로 해보라.

(si interrompe sorpreso, vedendo fuoco nel caminetto)
(벽난로의 불을 보고는 놀라서 끼어들며)

Una fiammata!
불꽃, 화염

불이다!

＊연출 노트 : 전혀 얘기치 못한 것을 본 상황. 늘 추운 이 다락방에 불이 있다니 이게 왠 일이야?!

RODOLFO (a Colline)
로돌포 (콜리네에게)

Zitto, si dà il mio dramma.
조용히 스스로를 주다 나의 비극

조용히 해, 내 비극이 상연되고 있잖아.

*풀이 : 재귀동사 darsi를 사용하고 뒤에 dramma나 teatro 등의 표현을 쓰면, 쓰여진 대본이 지금 무대에 올려지고 있다는 뜻으로 해석한다. 불에 타고 있는 자신의 작품이 상연되고 있는 것으로 표현한 것이다. 따라서 이 이후에 따라오는 대화들은 이중 의미를 가지게 된다.

MARCELLO …al fuoco.
마르첼로   불에

불 속으로…

COLLINE Lo trovo   scintillante.
콜리네   그것을 발견하다   불꽃을 발하는, 반짝이는

아주 번뜩이는구만!

*풀이 : 형용사 scintillante는 brillante와 같은 뜻으로 번쩍거리는 뛰어난 아이디어나 보기에 유쾌하고 흥이 나는 기발한 것들을 표현할 때 쓴다. 원고가 타는 모습을 '소설의 내용이 멋지다'라는 비유적 표현으로도 말하고 있다.

RODOLFO Vivo.
로돌포   살아 있는

살아 있지.

(il fuoco diminuisce)
(불꽃이 사그라진다)

COLLINE Ma   dura poco.
콜리네   하지만 지속되다 조금

그런데 오래 못 가는구만.

*풀이 : 불이 얼마 못 간다는 의미와, 극본이 너무 짧다는 의미.

RODOLFO La brevità, gran pregio.
로돌포   짧음, 간결   큰   가치

간결성은 큰 가치를 지니지.

*풀이 : 실제로 문학에서 모든 의미를 함축하여 간결하게 글을 쓰는 것은 높은 가치를 지니며, 뛰어난 문학적 능력이 필요한 일이다. 종이가 빨리 사그라지는 것을 문학의 간결성에 비유한, 상당한 재치가 엿보이는 대사이다.

COLLINE (levando la sedia a Rodolfo)
콜리네 (로돌포에게서 의자를 뺏으며)

> Autore, a me la sedia.
> 작가   나에게   의자를
>
> 작가양반, 의자 좀 주쇼.

MARCELLO Presto. Questi intermezzi fan morire d'inedia.
마르첼로   빨리   이것들   막간 휴식   하다 죽다   권태

> 서두르게. 이 막간 휴식은 엄청 지루하군.

RODOLFO (prende un'altra parte dello scartafaccio)
로돌포   (원고의 다른 부분을 떼어내며)

> Atto secondo.
> 막   둘째의
>
> 2막.

MARCELLO (a Colline)
마르첼로   (콜리네에게)

> <u>Non far</u>   sussurro.
> 하지 않다   속삭임, 웅성거림
>
> 중얼거리지 마.

> (Rodolfo straccia parte dello scartafaccio e lo getta sul camino: il fuoco si ravviva.
> Colline avvicina ancora più la sedia e si riscalda le mani: Rodolfo è in piedi, presso ai
> due, col rimanente dello scartafaccio)
> (로돌포가 원고를 찢어서 벽난로에 던지니 불꽃이 다시 살아난다. 콜리네는 의자를 더 난로 가까
> 이로 가져가고 불에 손을 쬔다. 로돌포는 남은 원고를 들고 두 사람 곁에 서 있다)

COLLINE Pensier profondo!
콜리네   생각   깊은

> 깊은 고찰 중이야!

MARCELLO   Giusto color!
마르첼로   옳은, 적합한   색

적절한 색이군!

*풀이 : 글 쓰기에서 colore(색)은 필법, 즉 스타일을 의미하기도 한다. 음악에서는 음색을 의미할 때 쓰인다. 여기서 마르첼로는 불꽃에서 보이는 푸른색으로 작문 스타일을 은유하고 있다고 볼 수 있다.

RODOLFO <u>In quell'azzurro</u> ~ <u>guizzo languente</u>   sfuma   un'ardente ~ scena
로돌포   저   하늘색   번쩍거리는 빛   쇠약해져 가는   격렬한   장면, 신

d'amor.
사랑의

저~ 푸른 빛을 내며 사그라지는 불빛은 격~정의 러브신을 퇴색시키네.

COLLINE   Scoppietta un foglio.
콜리네   딱딱 소리를 내다   종이

종이가 탁탁거리는군.

*풀이 : 종이가 타면서 탁탁 거리를 소리를 내는 것을 말함과 동시에 섹스를 은유하고 있다. Scoppietta는 은어적으로 섹스를 의미한다.

MARCELLO   Là   c'eran baci!
마르첼로   저기, 거기   있었다   키스

거기에 키스신이 있었군!

*연출 노트 : 콜리네의 말에 한 술 얹는 마르첼로. 콜리네를 쳐다보며 응큼한 농담을 하듯 익살스럽게 표현해 보자.

RODOLFO Tre atti or voglio ~ d'un colpo udir.
로돌포   3개 막 지금 원하다   한 방에   듣다

지금 세 막을 한 번에 듣고 싶군.

(getta sul fuoco il rimanente dello scartafaccio)
(남은 원고를 전부 불 속에 던진다)

COLLINE Tal degli audaci ~ l'idea   s'integra.
콜리네   그러한   대담한   아이디어   완전해지다

그 용감한 자들로 인해 작품은 완전해지네~

TUTTI Bello in allegra ~ vampa   svanir.
모두   멋진   기쁘게   섬광, 화염   사라지다

불꽃은 기쁨 속에 멋지게 사라지네~

(applaudono entusiasticamente: la fiamma dopo un momento diminuisce)

(열정적으로 박수를 치고, 불꽃은 잠시 후 사그라든다)

MARCELLO Oh! dio… già s'abbassa la fiamma.
마르첼로   오! 신   이미   내려가다   화염

이런! 불꽃이 벌써 사그라지다니.

COLLINE Che vano, che   fragile   dramma!
콜리네   감탄 시시한 감탄   깨지기 쉬운   비극

시시하군, 약해 빠진 비극일세.

*풀이 : dramma는 상당히 강력하고 격정적인 소재와 결말을 갖기 때문에 드라마틱하다는 말에서도 느껴지듯이 강력함이 특성인데, 쉽게 타버리는 원고를 보며, 내용이 빈약하거나 시시하다는 의미로 빗대어 말함.

MARCELLO Già   scricchiola,   increspasi,   muore.
마르첼로   이미   삑삑 소리를 내다   주름지며 타는 모양   죽다

벌써, 틱틱거리며, 쭈글쭈글 타 죽는군.

(il fuoco è spento)

(불이 꺼진다)

COLLINE E MARCELLO Abbasso, abbasso l'autore.
콜리네와   마르첼로   낮추다   낮추다   작가

우~우~ 작가양반!

*풀이 : 이탈리아에는 Viva A, abbasso B!!!라는 표현이 있는데, 예를 들어 양편으로 갈린 경기가 있을 때, 자신의 팀을 viva로 응원하고, 상대팀을 abbasso라는 표현으로 야유하는 것이다. 예) Viva Milan, abbosso Inter! 밀란 파이팅, 인터 우~~!

(dalla porta di mezzo entrano due garzoni, portando l'uno provviste di cibi, bottiglie di vino, sigari, e l'altro un fascio di legna. Al rumore, i tre innanzi al camino si volgono e con grida di meraviglia si slanciano sulle provviste portate dal garzone e le depongono sul tavolo. Colline prende la legna e la porta presso il caminetto: comincia a far sera)

(두 명의 소년이 중앙문으로 들어온다. 한 명은 식료품과 와인 한 병과 시가를, 그리고 다른 한 명은 땔감 한 묶음을 들고 있다. 소리가 들리자 난로 앞에 앉아 있던 세 명이 돌아보고는 기쁨의 비명을 지르며 소년들이 가지고 온 음식들을 받아서 테이블 위에 올려 놓는다. 콜리네는 땔감을 받아서 난로로 가지고 간다. 저녁을 만끽하기 시작한다)

RODOLFO Legna!
로돌포   목재

　땔감!

MARCELLO Sigari!
마르첼로   시가

　시가!

COLLINE   Bordò!
콜리네   보르도 와인

　보르도군!

TUTTI <u>Le dovizie</u> d'una fiera il destin ci   destinò.
모두   풍부, 충분 하나의 축제   운명 우리를 운명 짓다

　운명이 우리를 축제의 풍성함으로 이끌었구나!

* 풀이 : Il destino ci destinò는 실제로는 사용되지 않는 표현이며, 보통은 Dio destina~ 등으로 신이 운명을 결정하는 것으로 이야기한다. 여기서 운명이 축제의 풍성함 속으로 운명을 이끌었다는 표현은 문장을 더욱 강조하기 위한 것이라고 볼 수 있다.

* 풀이 : Fiera는 현대에서 박람회의 의미로 쓰이지만, 예전에는 시골 등에서 바자회 같이 어쩌다 한 번 열리는 장의 형태로 싼 값에 음식도 사먹고 옷이나 장신구 등 다양한 것들을 교환하거나 사는 이벤트였다.

(i garzoni partono)

(소년들은 나간다)

SCHAUNARD (entra dalla porta di mezzo con aria di trionfo, gettando a terra alcuni scudi)
쇼나르   (의기양양하게 중앙문으로 들어와서, 은화를 바닥에 내던지며)

La Banca di Francia per voi si sbilancia.
은행   프랑스의   너희를 위해   균형을 잃다

프랑스 은행이 너희에게 쏜다!

*풀이 : 프랑스 은행은 자기 자신을 가리키는 것으로, 본인이 벌어온 돈을 친구들에게 풀어 놓으면서 마치 은행이 어떤 보증이나 조건 없이 돈을 제공하는 것처럼 비유하며 호탕한 모습을 보인다. 이탈리아어로 sbilanciarsi는 균형을 잃는다는 뜻으로, 평소에 잡고 있는 균형, 즉 평소의 모습과 다르게 일상성을 무너트리면서 돌발행동을 하는 것으로 자주 쓰인다.

*scudo : 은화나 금화로 2차 세계대전이 끝날 때까지 이탈리아에서 사용되던 돈의 단위. 본서에서는 은화로 번역.

(raccattando gli scudi insieme a Rodolfo e Marcello)
(로돌포, 마르첼로와 함께 은화를 주우면서)

COLLINE Raccatta, raccatta!
콜리네   주워 모으다, 줍다

주워, 주워!

MARCELLO (incredulo)
마르첼로   (못 믿겠다는 듯)

Son pezzi di latta!···
이다 조각들   생철의

쇳조각이겠지!

SCHAUNARD (mostrandogli uno scudo)
쇼나르   (동전을 한 닢 보여주면서)

Sei sordo?··· sei lippo? Quest'uomo chi è?
이다 귀머거리   이다 (눈이)침침한   이   남자 누구 이다

너 귀먹었어?··· 눈이 잘 안 보여? 이 남자가 누구야?(동전에 새겨진 인물을 가리킴)

RODOLFO (inchinandosi)
로돌포   (무릎을 꿇으며)

Luigi Filippo! M'inchino al mio re!
루이지 필립포 무릎꿇다 나의(에게) 왕

루이지 필립포! 폐하께 알현합니다!

TUTTI Sta Luigi Filippo ai nostri piè.
모두 있다 루이지 필립포 우리의 발에

루이지 필립포가 우리의 발 밑에 있다네.

(depongono gli scudi sul tavolo. Schaunard vorrebbe raccontare la sua fortuna, ma
gli altri non lo ascoltano: vanno e vengono affaccendati disponendo ogni cosa sul
tavolo)

(은화를 테이블 위에 올려 놓는다. 쇼나르는 어떻게 이 행운이 찾아왔는지 이야기해 주고 싶지만,
친구들은 그의 이야기를 듣지 않고 왔다 갔다 하며 음식을 테이블에 올려 놓느라 정신이 없다)

SCHAUNARD Or vi dirò: quest'oro, o meglio argento,
쇼나르 지금 너희에게 말하다 이 금 또는 더 좋은 은

ha la sua brava storia…
가지고 있다 그의 멋진 이야기

자, 잘 들어봐. 이 금화, 아니 사실 은화는 멋진 스토리를 가지고 있다구…

MARCELLO (ponendo la legna nel camino)
마르첼로 (땔감을 난로에 넣으면서)

Riscaldiamo il camino!
가열하다 난로

난로를 피우자!

COLLINE Tanto freddo ha sofferto.
콜리네 많이 추운 고통스러워하다

너무 추워서 (난로가) 고통스러워 했어.

SCHAUNARD Un inglese… un signor… lord o milord che sia,
쇼나르 영국인 귀족, 신사 높으신 분 또는 각하, 전하 뭐든지 간에

volea un musicista…
원하다 한 음악가를

한 영국 신사분이… 주군 아니, 각하? 뭐든지 간에, 음악가를 찾고 있었지.

MARCELLO (gettando via il pacco di libri di Colline dal tavolo)
마르첼로　　(테이블에 놓여져 있던 콜리네의 책뭉치를 던져버리면서)

Via! Prepariamo la tavola!
저리가! 준비하다 테이블, 식탁

치워! 식탁을 준비하자고!

SCHAUNARD Io? volo!
쇼나르　　나　날다

나? 잽싸게 갔지.

RODOLFO L'esca   dov'è?
로돌포　　성냥　어디에 있다

성냥 어디 있어?

　*연출 노트 : 음식에 정신이 팔린 친구들은 아무도 쇼나르는 쳐다보지도 않고 각자 할 일에 바쁘다.

COLLINE Là.
콜리네　저기

저기

MARCELLO Qua.
마르첼로　여기

여기

(accendono un gran fuoco nel camino)
(난로에 불을 활활 피운다)

SCHAUNARD E   mi presento. M'accetta: gli   domando…
쇼나르　그리고　나를 소개하다　나를 받아들이다　그에게　질문하다

그리고 내 소개를 했지. 그는 나를 고용했고, 나는 그에게 질문을 했지.

COLLINE (mettendo a posto le vivande)
콜리네　　(음식을 정리하면서)

Arrosto   freddo!
로스트(비프 따위)   차가운

로스트 비프가 차가워!

SCHAUNARD A quando le lezioni?⋯
쇼나르   언제   수업

그럼 수업은 언제⋯?

MARCELLO (mette le due candele sul tavolo)
마르첼로   (두 개의 양초를 식탁 위에 놓는다)

Or le candele!
지금   양초들

자, 양초도!

SCHAUNARD (imitando l'accento inglese)
쇼나르   (영어 억양을 따라 하면서)

Risponde: «Incominciam⋯»
대답하다   시작하다

대답하기를⋯ "시작은⋯"

COLLINE Pasticcio dolce!
콜리네   파이   달콤한

디저트도 있어! (디저트용 단맛의 파이)

SCHAUNARD «Guardare!» e un pappagallo m'addita
쇼나르   쳐다보다 그리고   앵무새   손가락으로 가리키다

al primo piano,   poi   soggiunge:
     1층의   그리고 나서   덧붙이다

"저길 보시오!" 1층에 있는 앵무새를 가리키더니 덧붙이기를,

«Voi suonare finché quello morire!» E   fu così⋯
당신은 연주하다 ~까지 저, 그(사람) 죽다   그리고 이렇게

"당신은 저 놈이 죽을 때까지 연주하시오!"라고 하는 거야! 그리고 그렇게⋯

＊풀이 : 앵무새들은 음악을 연주하면 따라서 부르는 습성이 있다. 그 영국신사는 앵무새한테
    스트레스를 줘서 죽이려고 쇼나르를 고용한 것이다.

*연출 노트 : 위 대사의 ≪ ≫ 부분은 영국 신사의 말을 옮기는 부분이므로, 외국인이 말하듯 혀 꼬이는 소리로 표현해 보자. 그렇게 함으로써 외국인의 말임을 확실히 보여준다.

Insieme (함께)

SCHAUNARD Suonai tre lunghi   dì···
쇼나르   연주하다 셋   긴   일, 날

긴긴 삼 일을 연주하다가···

Allora   usai   l'incanto di mia presenza bella···
그래서 사용하다   마법   나의   용모   아름다운

내 아름다운 외모의 마력을 사용했지···

affascinai l'ancella··· gli   propinai prezzemolo!···
매혹하다   하녀   그에게 내밀어주다 서양 미나리

하녀를 꼬셔서··· (프레쩨몰로 가져오게 함) 그에게 (앵무새) 프레쩨몰로를 줬더니···

Lorito allargò l'ali, Lorito il becco aprì, da Socrate   morì!
로리토는 넓히다 날개 로리토는 부리를 열다 소크라테스처럼 죽었다

로리토(앵무새)는 날개를 쭉 펴고, 주둥이를 연 채로 장엄히 소크라테스처럼 죽었지!

*풀이 : 소크라테스가 독배를 마시고 자결한 것을 비유해서 한 말.

(vedendo che nessuno gli bada, afferra Colline che gli passa vicino con un piatto)

(아무도 신경도 안 쓰는 것을 보자, 접시를 들고 그를 지나치는 콜리네를 잡아챈다)

GLI ALTRI
다른 이들

RODOLFO Fulgida folgori   la sala   splendida.
로돌포   번쩍이는 천둥, 번개 넓은 방 화려한, 빛나는

번쩍거리는 천둥번개처럼 거실이 번쩍이는군!

*풀이 : 다 차려놓고 보니 화려하고 멋지다는 의미.

MARCELLO Mangiar senza tovaglia?
마르첼로   먹다 ~없이 냅킨

냅킨도 없이 먹는 거야?

*풀이 : 유럽의 식사 예절에 냅킨은 반드시 필요하다.

RODOLFO   (levando di tasca un giornale e spiegandolo)
로돌포   (주머니에서 신문을 꺼내서 접으면서)

Un'idea…
아이디어

좋은 생각이 있어.

COLLINE E MARCELLO
콜리네와   마르첼로

Il costituzional!
신문, 코스티투셔널 (1800년대 초에 발행된 프랑스 신문)

코스티투셔널!

RODOLFO Ottima carta… Si mangia e   si divora
로돌포   최고의   종이   먹다   그리고 게걸스럽게 먹다/ 탐독하다

un'appendice!
기고란

최고급 종이군… 일단 식사하고, 기고란을 먹어치우자(=탐독하자)!

COLLINE Chi?!…
콜리네   누구

누구?!

* **연출 노트** : 전혀 듣고 있지 않다가 소크라테스라의 이름이 언급되자 귀를 쫑긋 세운 철학가 콜리네가 쇼나르를 쳐다보며 되묻고 있는 것이다. '누구라구?'라는 느낌으로 몸을 돌리며 대사를 조금 길게 표현해 보자.

SCHAUNARD (urlando indispettito)
쇼나르   (화가 나서 소리지르며)

Che il diavolo vi   porti tutti quanti!
무엇   악마 너희에게 가져오다   모두들

이런 망할 자식들!

* **풀이** : 우리말 표현으로는 '귀신은 뭐하나, 이놈들 안 잡아가고!' 정도로 말할 수 있겠다. '악마가 네놈들을 다 잡아갔으면!'이 직역이다.

(poi, vedendoli in atto di mettersi a mangiare il pasticcio freddo)

(그리고 나서, 모두가 차가운 파이를 먹으려고 하는 것을 보고는)

Ed   or che fate?
그리고 지금 무엇 하다

그리고 지금 뭐하는 거야?

(con gesto solenne stende la mano sul pasticcio ed impedisce agli amici di mangiar-
lo; poi leva le vivande dal tavolo e le mette nel piccolo armadio)

(장엄한 동작으로 손을 파이 위로 뻗으며 먹으려고 하는 친구들을 막는다. 그리고 음식을 식탁에
서 걷어서 작은 가구 속에 넣는다)

No! Queste cibarie sono la salmeria pei dì futuri tenebrosi e   oscuri.
안돼 이것들 식량들 이다   마차   위한 미래   어두운 그리고 음침한

안 돼! 이 식량들은 어둡고 음침한 훗날을 위한 보급마차라고!

Pranzare in casa il dì   della Vigilia   mentre il quartier latino le sue vie
식사하다 집에서 그 날 크리스마스 이브의 ~동안   라탱 구역   그의 길들

addobba di salsicce e leccornie?
장식하다 소시지로 그리고 진미들

크리스마스 이브에 식사를 집에서 한다고? 라탱 구역의 모든 길이 지금 온갖 진미들
과 소시지로 장식되어 있을 텐데?

Quando un olezzo di frittelle imbalsama le vecchie strade?
~때   향기   튀김들의 향기로 채우다   오래된   거리들

오래된 거리들이 온갖 튀긴 음식들의 향기로 가득찰 때는 언제?

MARCELLO, RODOLFO E COLLINE
마르첼로,   로돌포 그리고 콜리네

(circondano ridendo Schaunard)

(웃으면서 쇼나르를 둘러싸며)

La vigilia di Natal!
크리스마스 이브

크리스마스 이브!

SCHAUNARD Là le ragazze cantano contente ed   han   per eco ognuna
쇼나르   거기 소녀들은   노래하다 기쁜 그리고 가지고 있다 에코로 각자가

uno studente!
한   학생을

거기서는 여자애들이 기뻐서 노래하면 남학생들이 뒤를 따르며 제창한다고!

Un po' di religione, o miei signori: si beva in casa, ma si pranzi fuori.
조금   종교의   오 나의 신사들   마시다   집에서 하지만 식사하다   밖에서

조금은 종교적으로, 오 나의 신사분들! 집에서는 마시고 식사는 밖에서 하는 거라고!

* **si pranzi**, **pranzo**는 현대에서 점심식사의 의미로 사용되어지지만, 당시에는 il primo
  pranzo(첫 번째 식사)와 il secondo pranzo(두 번째 식사=cena, 저녁식사)로 사용하기도 했다.
  여기서는 점심식사가 아닌 저녁식사를 의미한다.

* **un po' di religione** : 종교적이라는 표현은 시대 배경상 가톨릭을 말하는 것이며, 가톨릭은
  많은 규율을 가진 종교이다. 실제로 행하여지는 규율은 아니었지만, 쇼나르는 '마시는 행위
  는 집에서, 먹는 행위는 밖에서' 하는 것이 마치 엄격한 규율이자 상식이라는 의미로 이 표
  현을 사용한다.

(Rodolfo chiude la porta a chiave, poi tutti vanno intorno al tavolo e versano il vino.
Si bussa alla porta : s'arrestano stupefatti)

(로돌포는 열쇠로 문을 잠그고, 모두들 테이블로 와서 와인을 따른다. 누군가 문을 두드리고, 모
두 놀라서 행동을 멈춘다)

BENOÎT (di fuori)
베누아 (밖에서)

Si può?
할 수 있다

들어가도 되겠소?

MARCELLO Chi è   là?
마르첼로   누구 이다 거기

거기 누구요?

BENOÎT Benoît!
베누아   베누아

베누아요!

MARCELLO Il padrone <u>di casa</u>!
마르첼로 주인 집의

집주인이야!

(depongono i bicchieri)

(잔들을 내려 놓는다)

SCHAUNARD Uscio <u>sul muso</u>.
쇼나르 문 코 위에

문 닫아!

COLLINE (grida)
콜리네 (소리친다)

<u>Non c'è</u> nessuno.
없다 아무도

아무도 없어요!

SCHAUNARD <u>È chiuso</u>.
쇼나르 잠기다

잠겼어요!

BENOÎT <u>Una parola</u>.
베누아 한 마디

한마디만 합시다.

SCHAUNARD (dopo essersi consultato co' gli altri, va ad aprire)
쇼나르 (친구들과 의논한 후, 문을 열어준다)

Sola!
단지, 하나

딱 한마디만 해요!

BENOÎT (entra sorridente: vede Marcello e mostrandogli una carta dice)
베누아 (미소지으며 들어와서 마르첼로에게 종이 한 장을 보이며 말한다)

Affitto!
월세

월세!

MARCELLO (ricevendolo con grande cordialità)
마르첼로 (매우 정중하게 종이를 받아들면서)

Olà! Date una sedia.
여어 주다 하나 의자

이봐! 의자 하나만 드려.

RODOLFO Presto.
로돌포 빠르게, 일찍

빨리.

BENOÎT (schermendosi)
베누아 (몸을 피하면서)

Non occorre. Vorrei…
필요치 않다   원하다

필요 없수다. 내가 원하는 건…

＊**연출 노트** : 뒤에서는 이들의 수작에 걸려들지만, 지금까지는 월세를 받아야 하는 주인의 단
호함이 있다.

SCHAUNARD (insistendo con dolce violenza, lo fa sedere)
쇼나르 (부드럽게 데려다가 억지로 앉힌다)

Segga.
앉다(sedere의 고어)

앉으세요.

MARCELLO Vuol bere?
마르첼로 원하다 마시다

한 잔 하실래요?

(gli versa del vino)
(그에게 와인을 따라준다)

Benoît Grazie.
베누아   감사 인사

고맙구려.

Rodolfo e Colline Tocchiamo.
로돌포와   콜리네   건드리다

건배합시다.

*풀이 : 원래는 '만지다. 건드리다'이지만, '건배하다'라는 의미도 있다.

(tutti bevono. Benoît, Rodolfo, Marcello e Schaunard seduti, Colline in piedi. Benoît depone il bicchiere e si rivolge a Marcello mostrandogli la carta)
(모두가 마신다. 베누아, 로돌포, 마르첼로, 그리고 쇼나르는 앉아 있고, 콜리네는 서 있다. 베누아는 잔을 내려 놓고 마르첼로에게 다시 몸을 돌리며 종이를 내보인다)

Benoît Questo è l'ultimo trimestre.
베누아   이것은 이다 마지막의 석 달의

이건 마지막 석달치 월세요.

Marcello (con ingenuità)
마르첼로   (순수하게)

Ne   ho   piacere.
그것에 대해 가지다 즐거움, 기쁨

기꺼이 드려야지요.

Benoît   E quindi…
베누아 그리고 그래서

그럼…

Schaunard (interrompendolo)
쇼나르   (베누아의 말에 끼어들면서)

Ancora un sorso.
다시   한 모금

한 모금 더

(riempie i bicchieri)

(잔을 채운다)

BENOÎT Grazie.

베누아 감사 인사

고맙소.

I QUATTRO (toccando con Benoît)

네 명 모두 (베누아와 잔을 부딪치면서)

Alla   sua salute!

~에게   그의   건강

베누아 씨를 위하여!

(si siedono e bevono. Colline va a prendere lo sgabello presso il cavalletto e si siede anche lui)

(다 같이 앉아서 마신다. 콜리네는 이젤 앞에 있는 스툴을 가지고 와서 앉는다)

BENOÎT (riprendendo con Marcello)

베누아 (다시 마르첼로에게)

A lei ne vengo perché il trimestre scorso mi   promise…

당신에게   오다 왜냐하면   석 달의   지난 나에게 약속했다

선생이 지난 석달치를 나한테 약속했기 때문에 내가 찾아왔소…

＊**il trimestre** : 석달 단위로 지불하는 것.

MARCELLO Promisi ed   or   mantengo.

마르첼로   약속하다 그리고 지금 유지하다, 지키다

약속했지요. 그리고 지금 그 약속을 지키겠습니다.

(mostrando a Benoît gli scudi che sono sul tavolo)

(베누아에게 테이블 위에 있는 은화를 보여주면서)

RODOLFO (con stupore, piano a Marcello)

로돌포   (놀라서, 마르첼로에게 작게 말하며)

Che fai?⋯
무엇 하다

뭐 하는 거야?

SCHAUNARD (come sopra)
쇼나르   (위의 로돌포와 같이)

Sei pazzo?
이다 미친

정신 나갔어?

MARCELLO (a Benoît, senza badare ai due)
마르첼로   (두 사람은 무시하면서 베누아에게)

<u>Ha visto?</u> Ora   via,   resti <u>un momento</u> in   nostra compagnia.
　　보다　　지금 치우다 머무르다 한 순간, 잠시 ~안에 우리의   교제, 사귐

봤죠? 잠깐 접어두고, 우리와 함께 조금만 있다가 가세요.

Dica: <u>quant'anni ha</u>, caro signor Benoît?
말하다   나이를 묻는 표현   친애하는 ~씨   베누아

말씀해 보세요. 연세가 어떻게 되세요? 친애하는 베누아 씨?

BENOÎT <u>Gli anni?</u>⋯ <u>Per carità</u>!
베누아   햇수, 년 수   제발

나이?⋯ 오~ 제발!

　*연출 노트 : 나이를 말해 주기에는 너무 많은 나이라는 의미로, 그런 건 묻지 말아달라는 표정
으로 손을 내저으며 해보자.

RODOLFO Su e   giù la nostra età.
로돌포   위 그리고 아래   우리의 나이

대략 우리 나이죠.

　*풀이 : 현대어에서는 più o meno(더 혹은 덜)가 대략, 어림잡아 등의 의미로 쓰인다.

BENOÎT (protestando)
베누아 (단호하게)

Di più, molto di più.
더 많이 매우 더 많이

더 많지, 훨씬 더 많아.

(mentre fanno chiacchierare Benoît, gli riempiono il bicchiere appena egli l'ha vuotato)

(베누아가 수다떨게 만들면서, 그가 잔을 비우자마자 또 술을 따라 넣는다)

COLLINE Ha detto su e giù.
콜리네   말했다   대략

대략 비슷하다는군.

MARCELLO (abbassando la voce e con tono di furberia)
마르첼로   (목소리를 낮추면서 간교한 목소리로)

L'altra sera al *Mabil*···
다른 저녁 마빌에서

지난 밤에 마빌에서···

＊풀이 : Mabille은 1800년대에 파리에서 유행하던 유명 무도장 중 하나이며, 안무가 Mabille
이 오픈한 곳이다.

BENOÎT (inquieto)
베누아 (놀라서)

Eh?!
어?!

MARCELLO L'hanno colto in peccato d'amore.
마르첼로   그를 잡다   죄 속의   사랑의

사람들이 부정한 러브신을 목격했던데.

BENOÎT Io?
베누아 나

나?

MARCELLO Neghi.
마르첼로 부정하다

부정하는군.

BENOÎT Un caso.
베누아 한 경우

어쩌다가 한 번.

MARCELLO (lusingandolo)
마르첼로 (그를 부추기면서)

Bella donna!
예쁜 여자

예쁘다던데!

BENOÎT (mezzo brillo, con subito moto)
베누아 (반쯤 취해서, 즉각적인 동작으로)

Ah! molto.
아 매우

아! 굉장했지.

SCHAUNARD (gli batte una mano sulla spalla)
쇼나르 (그의 어깨를 한 번 친다)

Briccone!
못된 사람, 불량배

악당같으니라구!

* **연출 노트** : 장난처럼 부추기는 것이다. 마치 '능력있는 양반이구만!'이라고 하듯 어깨를 쳐보자.

COLLINE Seduttore!
콜리네 유혹하는 사람

제비!

(fa lo stesso sull'altra spalla)
(다른 쪽 어깨를 치며)

Rodolfo Briccone!

로돌포   불량배, 사기꾼

악당!

Marcello (magnificando)

마르첼로   (치켜세우며)

Una quercia! ··· un cannone! il crin   ricciuto   e

떡갈나무   대포   갈기   곱슬거리는, 숱이 많은   그리고

fulvo.

붉은

떡갈나무! 대포! 풍성한 갈기에 붉은 얼굴.

*풀이 : 이탈리아에는 '떡갈나무처럼 강하다'라는 표현이 있다. 또한 대포(cannone)는 뛰어난 사람을 수식할 때 종종 쓰이는데, 예를 들어 donna cannone 같은 경우에는 대단한 여자, 여장부 등의 의미로 쓰인다. 이 문장에서는 대포처럼 강한 그의 성적 능력을 나타내는 것으로 볼 수 있다. 갈기(Il crin=la criniera)는 말이나 사자의 갈기를 나타내며, 곱슬거린다는 표현은 숱이 많은 걸 나타낸다. 갈기가 풍성하고 숱이 많은 것은 젊음을 상징하는 것으로 사용되었다. 그리고 fulvo는 ricciuto처럼 갈기를 수식하는 것으로, 금붉은 색의 젊은 사자의 갈기를 나타낸다.

Rodolfo L'uomo ha buon gusto.

로돌포   남자 가지다 좋은 취향

이 양반 좋은 취향을 가졌구만.

Marcello Ei   gongolava   arzillo,   pettoruto.

마르첼로   그는 대단히 기뻐하다 원기가 왕성한 가슴을 펴고 뽐내다

아주 신나서는 기세당당하게 가슴을 쫙 펴고 걷더라니까.

Benoît (ringalluzzito)

베누아 (신바람이 나서)

Son vecchio, ma   robusto.

이다   늙은이   하지만 견고한, 단단한

난 늙었지만 아직 정정하다고.

MARCELLO E   a lui cedea la femminil   virtù.
마르첼로 그리고 그에게 굴복하다   여자의   처녀성, 미덕

그리고 여자들이 아주 꽉꽉 넘어가더라니까.

COLLINE, SCHAUNARD E RODOLFO (con gravità ironica)
콜리네,   쇼나르 그리고 로돌포   (심각한 척 풍자하면서)

Ei   gongolava arzuto e pettorillo.
그는 대단히 기뻐하다 =arzillo e pettoruto

아주 신나서 기세당당하게 가슴을 쫙 펴고 걸었다구.

*arzuto e pettorillo : 위에서 마르첼로가 arzillo, pettoruto라고 말한 것에 두 단어의 어미를
바꿔 붙여 지어낸 단어들로 말장난이다.

BENOÎT (in piena confidenza)
베누아 (자부심에 넘쳐서)

Timido   in gioventù, ora   me ne ripago···
부끄러움 타는 젊을 때   지금 스스로에게 다시 지불하다

젊을 땐 내가 좀 소심했지만, 지금 다 만회하는 거라구.

È uno svago qualche donnetta allegra··· e··· un po'···
이다 취미, 오락 몇몇의   여자   쾌활한 그리고 조금

이건 기분전환이지··· 가끔 경쾌한 여자들하고 말야 좀···

(accenna a forme accentuate)
(손으로 여자 몸의 형상을 그리면서)

Non dico una balena, o un mappamondo, o un viso tondo
말하지 않다   고래 또는 세계지도, 지구본 또는 얼굴   둥근

da luna piena,
보름달처럼

고래나 지구본 같은 여자나 보름달 같은 얼굴을 가진 여자를 말하는 게 아니라네.

ma   magra, proprio magra, no   e poi no!
하지만 마른(여자) 딱, 정말 마른(여자) 아니다 그리고 또 아니다

그렇다고 깡마른 여자도 안 돼지, 절대 안 돼!

Le donne magre sono grattacapi   e   spesso··· sopraccapi···
여자들   마른   이다   걱정거리   그리고   자주, 종종   두목, 감독

마른 여자들은 골치가 아프다구··· 자주 머리 위에 앉으려고 한다구···

e   son piene di doglie, per esempio.. mia moglie···
그리고   이다 가득찬 고통의   예를 들어   나의 와이프

게다가 투정을 얼마나 부리는지, 예를 들어··· 내 와이프는 말야···

(Marcello dà un pugno sulla tavola e si alza: gli altri lo imitano: Benoît li guarda sbalordito)

(마르첼로가 테이블을 주먹으로 치면서 일어나고 나머지도 마르첼로를 따라 한다. 베누아는 놀라서 그들을 바라본다)

MARCELLO   **(con forza)**
마르첼로   (힘있게)

Quest'uomo   ha   moglie e sconce voglie ha   nel cor!
이 남자   가지고 있다 와이프 그리고 음란한   욕망 가지다 안에 마음

이 남자는 와이프도 있으면서, 마음속에 음란한 생각이 가득하군!

GLI ALTRI   Orror!
나머지   끔찍함, 공포

끔찍해!

RODOLFO   E   ammorba, e   appesta la nostra onesta magion!
로돌포   그리고 악취가 나다 그리고 오염시키다 우리의   정직한   집

악취가 나는구만. 우리의 깨끗한 집을 오염시키고 있어!

GLI ALTRI   Fuor!
나머지   밖

나가슈!

MARCELLO   Si abbruci dello zucchero.
마르첼로   태우다   설탕을

설탕 좀 태우라구!

*풀이 : 방향의 목적으로 설탕을 태워서 집에서 나는 악취를 제거하자는 의미.

COLLINE <u>Si discacci</u>   il reprobo.
콜리네   내쫓다, 추방하다   타락한, 불륜의

저 타락한 인간을 당장 쫓아내자!

SCHAUNARD (maestoso)
쇼나르   (장엄하게)

È   la morale   offesa che vi   scaccia!
이다   도덕적인, 양심적인   공격받은   당신을 추방하다

화가 난 양심이 당신을 추방하노라!

BENOÎT (allibito, tenta inutilmente di parlare)
베누아 (창백해져서, 소용없이 말해보려고 한다)

Io   di…
나는   ~의

나는 그저…

RODOLFO E COLLINE (circondano Benoît spingendolo verso la porta)
로돌포와 콜리네   (베누아를 둘러싸서 문쪽으로 그를 밀어낸다)

Faccia silenzio!
하다   조용, 침묵

조용히 하시오!

BENOÎT (sempre più sbalordito)
베누아 (더 어리둥절해서)

Miei signori…
나의   신사들

이봐요, 신사분들…

TUTTI Silenzio!…
모두   조용, 침묵

조용!

(spingendo Benoît fuori dalla porta)
(베누아를 문 밖으로 밀어내며)

Via   signore! Via   di qua!
저리가   신사, ~씨 저리가   여기에서

나가 이 양반아! 여기서 당장 나가쇼!

(sulla porta guardando verso il pianerottolo sulla scala)

(문에서 계단을 바라보면서)

···e   buona sera a vostra signoria.
그리고   저녁인사   ~에게 당신   권위, 주권

그리고 폐하, 좋은 저녁 되십시오.

(ritornando nel mezzo della scena, ridendo)

(무대 중앙으로 돌아와서 웃으며)

Ah! ah! ah! ah!
하! 하! 하! 하!

MARCELLO   (chiudendo l'uscio)
마르첼로   (문을 닫으며)

Ho pagato il trimestre.
지불하다   3개월치 월세

3개월치 방세를 해결했군.

SCHAUNARD   Al quartiere latino ci   attende *Momus*.
쇼나르   라탱 구역에서는   우리를 기다리다   모무스

라탱 구역의 모무스가 우리를 기다린다구.

MARCELLO   Viva chi spende!
마르첼로   만세 누구 지출하다

한 턱 내는 사람 만세!

SCHAUNARD   Dividiamo il bottino!
쇼나르   나누다   전리품

전리품을 나누자고!

(si dividono gli scudi rimasti sul tavolo)

(테이블에 남겨진 은화를 나눠 갖는다)

MARCELLO (presentando uno specchio rotto a Colline)
마르첼로   (콜리네에게 금이 간 거울 하나를 내보이며)

Là ci sono beltà   scese dal cielo.
거기 있다   아름다움 내려오다   하늘에서

음, 하늘에서 내려온 미남이 보이는구만.

＊**연출 노트** : 거울 속 자기 자신을 바라보며 말하자.

Or che sei ricco,   bada   alla decenza!
지금   이다 부자 돌보다, 신경쓰다   품위에

지금 자넨 부자가 됐으니, 품위에 좀 신경을 쓰라고.

Orso,   ravviati   il pelo.
곰   말끔히 정돈하다   털

어이 곰, 털 좀 정리해.

COLLINE Farò la conoscenza la prima volta d'un barbitonsore.
콜리네 할 것이다   지식, 면식   첫 째 번   이발사의

이발사와 면식을 트겠군.

Guidatemi   al ridicolo oltraggio d'un rasoio.
나를 안내하다 ~에게 우스운   무례한   면도칼의

나를 그 우스꽝스럽고 무례한 면도날을 든 자에게 안내하시게들.

MARCELLO, SCHAUNARD E COLLINE
마르첼로,   쇼나르 그리고 콜리네

Andiamo.
  가다

가자구.

RODOLFO Io resto per terminar l'articolo di fondo del Castoro.
로돌포 나는 남다 끝내기 위해   기사   끝까지   카스토로의

나는 남아서 카스토로에 실을 기사를 다 쓰고 갈게.

＊**Castoro** : 자신의 글을 기고하는 잡지 이름. 카스토로는 이탈리아어로 수달이다.

MARCELLO   Fa' presto.
마르첼로   하다 빨리

빨리 끝내라고.

RODOLFO   Cinque minuti. Conosco il mestiere.
로돌포   다섯   분   알다   일, 생업, 직업

5분이면 돼. 나는 전문가라고.

COLLINE   Ti aspetterem dabbasso dal portiere.
콜리네   너를   기다리다   밑에서   문지기에게서

밑에 문지기 있는 데서 기다릴게.

MARCELLO   Se tardi,   udrai   che coro!
마르첼로   만약 늦게   들을 것이다   합창

만약 늦으면, 합창소리를 듣게 될거야.

* 풀이 : 합창 소리는 소리치며 화내는 소리를 의미.

(prende un lume ed apre l'uscio: Marcello, Schaunard e Colline escono e scendono la scala)
(촛대를 하나 들고 문을 연다. 마르첼로, 쇼나르와 콜리네가 나가고 계단을 내려간다)

SCHAUNARD   (uscendo)
쇼나르   (나가면서)

Taglia   corta   la coda al tuo Castoro!
자르다   짧은, 짧게 꼬리를   너의 수달, 카스토로

자네 수달의 꼬리를 짧게 자르라고! (짧게 끝내고 와라!)

MARCELLO   (di fuori)
마르첼로   (밖에서)

Occhio alla scala. Tieni alla ringhiera.
~을 조심하다   계단   붙잡다   난간에

계단 조심해. 난간을 잘 잡으라구.

RODOLFO (sul pianerottolo, presso l'uscio aperto, alzando il lume)
로돌포   (열린 문 계단에서 촛대를 들어 올리며)

  Adagio!
  천천히, 차분히

  천천히!

COLLINE (di fuori)
콜리네   (밖에서)

  È   buio   pesto.
  이다 어두운 칠흑같은

  칠흑같이 어둡군.

  (le voci di Marcello, Schaunard e Colline si fanno sempre più lontane)
  (마르첼, 쇼나르, 콜리네의 목소리가 점점 더 멀리 들린다)

SCHAUNARD Maledetto portier!
쇼나르   저주 받은 문지기

  빌어먹을 문지기!

  *풀이 : 문지기가 불을 켜놓지 않았기 때문.

  (rumore d'uno che ruzzola)
  (한 명이 굴러 떨어지는 소리가 들린다)

MARCELLO Bada.
              조심하다

  조심해.

COLLINE Accidenti!
콜리네   사고, 제기랄

  제길!

RODOLFO (sull'uscio)
로돌포   (문에 서서)

Colline, sei morto?
콜리네   죽다

콜리네, 자네 죽었나?

COLLINE (lontano, dal basso della scala)
콜리네   (멀리, 계단 아래서)

Non ancor!
아니다 아직

아니, 아직!

MARCELLO (più lontano)
마르첼로   (더 멀리서)

Vien presto!
오다   빨리

빨리 와야 해!

(Rodolfo chiude l'uscio, depone il lume, sgombra un angolo del tavolo, vi colloca ca-
lamaio e carta, poi siede e si mette a scrivere dopo aver spento l'altro lume rimasto
acceso: si interrompe, pensa, ritorna a scrivere, s'inquieta, distrugge lo scritto e getta
via la penna)

(로돌포는 문을 닫으며 초를 올려 놓고, 테이블을 조금 치우고, 그곳에 종이와 잉크병을 올려 놓
고 앉아서 글을 쓰기 시작한다. 멈췄다가, 생각했다가, 다시 쓰다가, 화를 냈다가 원고를 찢더니
펜을 집어 던진다)

RODOLFO (sfiduciato)
로돌포   (낙담해서)

Non sono   in vena.
있지 않다   혈관 안에, 기분 안에

글이 잘 안 써지는군.

*풀이 : Essere(sono) in vena는 '영감이 떠오르다'의 의미로 쓰는 표현이다.

(si bussa timidamente all'uscio)
(조심스레 문을 두드리는 소리가 들린다)

RODOLFO Chi è là?
로돌포   누구 이다 거기

     * **연출 노트** : 뒤에서의 반전을 위해서 무신경한 말투로 해보자.

    밖에 누구요?

MIMÌ (di fuori)
미미   (밖에서)

    Scusi.
    용서를 구하다

    실례합니다.

RODOLFO (alzandosi)
로돌포   (일어나면서)

    Una donna!
       여자

    여자?!

    * **연출 노트** : 로돌포는 예상치 않은 손님으로 한 여자가 찾아와 놀랐다. 작곡가 푸치니가 여자를 좋아했던 것과 연관하여 생각하면 재미있다. 로돌포는 여자의 목소리 덕에 짜증났던 감정이 사라지고 바로 생기가 도는 듯한 말투다.

MIMÌ Di grazia, mi si è spento il lume.
미미   은혜의(부탁) 나에게   꺼지다   등불, 촛불

    죄송합니다만, 촛불이 꺼져서요.

RODOLFO (corre ad aprire)
로돌포   (뛰어가 문을 연다)

    Ecco.
    자, 여기

    아, 네.

MIMÌ (sull'uscio, con un lume spento in mano ed una chiave)
미미   (열쇠 하나와 꺼진 초를 들고 문 앞에 서 있다)

Vorrebbe?…
원하다

괜찮으시면…(불을 붙여줄 수 있나요)?

RODOLFO S'accomodi un momento.
로돌포   편히 앉다   잠시

잠시 앉으시죠.

MIMÌ Non occorre.
미미   필요 없다

아니, 괜찮아요.

RODOLFO (insistendo)
로돌포   (계속 권유한다)

La prego,   entri
당신에게 부탁하다 들어가다

그러지 말고 들어오세요.

(Mimì, entra, ma subito è presa da soffocazione)
(미미는 들어서자마자 호흡곤란을 느낀다)

RODOLFO (premuroso)
로돌포   (걱정스럽게)

Si sente male?
느끼다   아픔

어디 아프세요?

MIMÌ No… nulla.
미미   아니다 전혀

아뇨, 괜찮아요.

RODOLFO Impallidisce!
로돌포   창백해지다

얼굴이 창백한데요!

MIMÌ (presa da tosse)
미미 (기침하기 시작한다)

> Il respir… Quelle scale…
> 숨, 호흡   그   계단들

숨이… 계단 오르느라…

(sviene, e Rodolfo è appena a tempo di sorreggerla ed adagiarla su di una sedia, mentre dalle mani di Mimì cadono candeliere e chiave)

(기절한다. 로돌포는 잽싸게 쓰러지는 그녀를 잡아서는 의자에 앉힌다. 그 사이 미미의 손에서 양초와 열쇠가 떨어진다)

RODOLFO (imbarazzato)
로돌포   (당황해서)

> Ed   ora come faccio?… come faccio?…
> 그리고   지금 어떻게   하다   어떻게   하다

이제 어떡하지?… 어떡하지?

(va a prendere dell'acqua e ne spruzza il viso di Mimì)

(물을 가지고 와서는 미미의 얼굴에 뿌린다)

> Così!
> 이렇게

자, 이렇게?

(guardandola con grande interesse)

(그녀를 아주 관심있게 바라보며)

> Che viso da malata!
> 감탄   얼굴   병든

엄청 아파 보이는군!

(Mimì rinviene)

(미미는 정신이 돌아온다)

> Si sente meglio?
> 느끼다   더 나은

이제 좀 나아졌어요?

MIMÌ (con un filo di voce)
미미 (여린 목소리로)

> **Sì.**
> 네
>
> 네.

RODOLFO Qui c'è tanto freddo. Segga <u>vicino al</u> fuoco.
로돌포   여기 있다 많이 추위 앉다 가까이에 불

> 여기는 추우니까 불 가까이로 앉으세요.
>
> (Mimì fa cenno di no)
> (미미는 거절하는 표정을 짓는다)
>
> **Aspetti**⋯ <u>un po' di</u> vino⋯
> 기다리다   조금의 와인
>
> 잠시만요⋯ 와인을 조금 마셔봐요.

MIMÌ Grazie⋯
미미   감사

> 고마워요.

RODOLFO (le dà il bicchiere e le versa da bere)
로돌포   (미미에게 잔을 하나 건네고 와인을 따른다)

> <u>A lei</u>.
> 당신에게
>
> 자, 받으세요.

MIMÌ Poco, poco.
미미   조금   조금

> 조금만 주세요, 아주 조금.

RODOLFO Così?
로돌포   이렇게

> 이만큼?

Mimì Grazie.
미미   감사

네, 고마워요.

(beve)
(마신다)

Rodolfo (ammirandola)
로돌포   (경이롭게 바라보며)

(Che bella   bambina!)
감탄 예쁜 어린여자아이(애칭)

(엄청 예쁘잖아!)

＊**연출 노트** : 고개를 돌리고 혼잣말처럼 해보자.

Mimì (levandosi, cerca il suo candeliere)
미미   (일어나며, 촛대를 찾는다)

Ora permetta che accenda il lume. È tutto passato.
지금 허락하다   켜다   등불 이다 모두 지났다

이제 촛불 좀 켜주세요. 다 괜찮아졌어요.

Rodolfo Tanta fretta?
매우   바쁨

바쁘신가봐요?

Mimì Sì.
미미   네

네.

(Rodolfo scorge a terra il candeliere, lo raccoglie, accende e lo consegna a Mimì sen-za far parola)
(로돌포가 바닥에서 양초를 찾아내고 불을 붙여서 미미에게 말 없이 가져다 준다)

Mimì Grazie. Buona sera.
미미   감사 저녁인사

감사드려요. 그럼 안녕히 계세요.

(s'avvia per uscire)

(나가기 위해 걸어간다)

RODOLFO (l'accompagna fino all'uscio)
로돌포   (미미를 문까지 배웅한다)

Buona sera.
　저녁인사

안녕히 가세요.

(ritorna subito al lavoro)

(즉시 일하러 돌아간다)

MIMÌ (esce, poi riappare sull'uscio che rimane aperto)
미미   (나갔다가 다시 열려 있는 문으로 모습을 보이며)

Oh! sventata!
오   사라진

오! 없어졌어요!

La chiave della stanza, dove l'ho lasciata?
　열쇠　　　　방의　　　어디　그것을 두다

집 열쇠를 어디다 뒀을까요?

RODOLFO Non stia sull'uscio; il lume vacilla al vento.
로돌포   머물지 않다 문에   등불 흔들리다 바람에

문 앞에 있지 말고 들어와요, 촛불이 바람에 흔들리네요.

(il lume di Mimì si spegne)

(미미의 불이 꺼진다)

MIMÌ Oh dio! Torni ad accenderlo.
미미   오 신이여 돌아오다 (초를) 켜기 위해

이런! 와서 다시 불 좀 붙여주세요.

RODOLFO (accorre co' la sua candela per riaccendere quella di Mimì, ma avvicinandosi
로돌포   alla porta anche il suo lume si spegne e la camera rimane buia)

(자신의 초로 미미의 초를 켜기 위해서 달려가지만 문 앞으로 다가서면서 그의 양초도 꺼지고 만다. 방은 이내 캄캄해진다)

Oh dio!··· Anche il mio s'è spento!
오 신이여   또한 나의(양초)   꺼지다

오, 이런! 내 촛불도 꺼져버렸네!

MIMÌ (avanzandosi a tentoni, incontra il tavolo e vi depone il suo candeliere)
미미 (손으로 더듬거려 테이블을 찾아서 그 위에 촛대를 올려 놓는다)

Ah! E la chiave ove sarà?···
아 그리고 열쇠   어디 있다

아! 열쇠가 대체 어디 있을까요?

RODOLFO (si trova presso la porta e la chiude)
로돌포 (문 가까이에 있다가 문을 닫는다)

Buio pesto!
어둠 칠흑같은

칠흑같이 어둡네요!

MIMÌ Disgraziata!
미미 불행한 사람

왠 일이람!

RODOLFO Ove sarà?···
로돌포 어디 있다

어디 있을까요?

MIMÌ Importuna è la vicina···
미미 귀찮게 구는 사람 이다 이웃집 여자

제가 방해꾼이 됐군요.

RODOLFO (si volge dalla parte ove ode la voce di Mimì)
로돌포 (미미의 목소리가 들리는 곳으로 몸을 돌리며)

Ma   le   pare?⋯
하지만 당신에게 ~인 것 같다

그렇게 생각해요?

MIMÌ (ripete con grazia, avanzandosi ancora cautamente)
미미 (더듬더듬 찾으며 우아한 목소리로 다시 말한다)

Importuna   è la vicina⋯
귀찮게 구는 사람   이다   이웃 여자

제가 방해꾼이에요.

(cerca la chiave sul pavimento, strisciando i piedi)
(발을 뻗으며 바닥에서 열쇠를 찾고 있다)

RODOLFO Cosa dice, ma le   pare!
로돌포   무슨   말하다   당신에게 ~인 것 같다

무슨 말씀을, 왜 그렇게 생각해요!

MIMÌ Cerchi.
미미   찾다

계속 찾아봐 주세요.

RODOLFO Cerco.
로돌포   찾다

네, 찾을게요.

(urta nel tavolo, vi depone il suo candeliere e si mette a cercare la chiave brancican-
do le mani sul pavimento)
(테이블에 부딪치자, 자신의 초를 올려 놓고 바닥에서 손을 더듬으면서 열쇠를 찾기 시작한다)

MIMÌ Ove sarà?⋯
미미   어디 이다

어딨지?

RODOLFO (trova la chiave e lascia sfuggire una esclamazione, poi subito pentito mette la
로돌포   chiave in tasca)
            (열쇠를 발견하고는 기쁨의 감탄사를 외친다. 하지만 이내 후회하고는 얼른 주머니에 열쇠

를 집어 넣는다)

Ah!
앗!

Mimì L'ha trovata?…
미미 그것을 발견하다

열쇠를 찾았나요?

Rodolfo No!
로돌포 아니다

아니요!

Mimì Mi   parve…
미미 나에게 ~인 것 같다

찾은 것 같은데…?

Rodolfo In verità…
로돌포 사실, 진실

정말이에요…

Mimì (cerca a tastoni)
미미 (더듬거리며 찾는다)

Cerca?
찾다

찾고 있죠?

Rodolfo Cerco!
로돌포 찾다

네네, 찾고 있어요.

(finge di cercare, ma guidato dalla voce e dai passi di Mimì, tenta di avvicinarsi ad essa che, china a terra, cerca sempre tastoni: in questo momento Rodolfo si è avvicinato ed abbassandosi esso pure, la sua mano incontra quella di Mimì)
(찾는 척하면서 미미의 목소리와 발소리를 듣고 그녀에게 다가간다. 미미는 바닥에서 손을 더듬고 있다. 로돌포도 바닥으로 몸을 낮추며 미미에게 다가가 그녀의 손에 자신의 손을 얹는다)

MIMÌ (sorpresa)
미미 (놀라서)

Ah!
아!

RODOLFO (tenendo la mano di Mimì, con voce piena di emozione)
로돌포 (미미의 손을 잡고는 감동에 찬 목소리로)

Che gelida manina!
감탄 얼어붙은 (작은)손

오, 차디찬 손!

Se   la   lasci   riscaldar.
만일 그것을 ~하게 놔두다 따뜻하게 하다

내가 따뜻하게 해드릴게요.

＊**연출 노트** : 이 유명한 테너의 아리아는 너무나 이탈리아스럽다고 할 수 있는데, 여자들을 사로잡기 위해 능청스럽고 능숙하게 이야기를 이어나가는 이탈리아노의 스킬이 느껴진다. 적극적으로 구애하는 이탈리아노가 되어 최대한 달콤하고 부드럽게 표현해야만 한다. 안타깝게도, 너무 무미건조하게 부르는 경우를 종종 본다.

Cercar che   giova? ~   Al buio non si trova.
찾다 무엇 유익하게 되다 어둠에서   못 찾다

열쇠를 찾는 건 소용없는 일이에요. 이 어둠 속에선 못 찾아요.

Ma   per fortuna ~ è una notte di luna,
하지만 운 좋게 이다 밤 달의

그래도 운 좋게 달이 빛나는 밤이군요.

e   qui la luna ~ l'abbiamo vicina.
그리고 여기 달 가지고 있다 가까이에

게다가 여기는 달빛이 가득해요.

＊**연출 노트** : 달이 빛나는 밤이라는 둥 멘트를 늘어놓던 로돌포는 미미가 의도를 눈치채고 살짝 물러나자 기회를 놓치지 않기 위해서 능숙하게 말을 이어간다. 당연히 미미는 싫지는 않았을지 몰라도, 처음 보는 남자의 집에 와서 편하게 있을 수만은 없을 것이다.

Aspetti, signorina,
기다리다   아가씨

아가씨, 잠시만요.

*연출 노트 : 어색해 하는 미미를 안정시키려는 듯 부드럽게.

le   dirò   con due parole
당신에게 말할 것이다   두 마디로

당신에게 짧게 소개할게요.

chi son, che faccio e   come vivo. Vuole?
누구 이다 무엇을 하다 그리고 어떻게 살다   원하다

내가 누구인지, 무엇을 하는지, 그리고 어떻게 사는지, 들어볼래요?

*연출 노트 : 꿀이 떨어지는 듯한 눈빛으로 그녀를 부드럽게 설득해보라. 잊지 말자. 겁먹지 않도록 부드럽고 신사적으로!

(Mimì tace: Rodolfo lascia la mano di Mimì, la quale indietreggiando trova una sedia sulla quale si lascia quasi cadere affranta dall'emozione)

(미미는 입을 다물고, 로돌포가 미미의 손을 놓아준다. 미미는 거의 감정에 사로잡혀 쓰러질 듯 뒤로 물러나며 의자를 하나 찾아 앉는다)

RODOLFO Chi son? Sono un poeta.
로돌포   누구 이다   이다   시인

내가 누구냐구요? 나는 시인이죠.

*연출 노트 : 앞에서 말하는 Chi son 하고는 매우 다르다. 의자를 찾아 앉은 미미가 들을 준비가 되어 있으니, 그는 이제 여유가 생겼다. '내가 누굴까요?'라고 질문하듯 해야 한다.

Che cosa faccio? Scrivo.
 무엇을   하다   글쓰다

무슨 일을 하냐고요? 글을 써요.

E   come vivo? Vivo.
그리고 어떻게 살다   살다

어떻게 사냐구요? 그냥 살아요.

*연출 노트 : 계속해서 질문과 대답을 스스로 하고 있다. 대화하듯이 질문과 대답의 느낌을 살려야 한다.

In povertà mia   lieta
가난 속에서   나의   즐거운

가난 속에서도 즐거운 나는

scialo   da gran signore
사치스러운 생활을 하다 처럼   높으신 분

높으신 양반 행세를 하며

rime   ed   inni d'amore.
라임, 운율 그리고 찬가들   사랑의

시의 운율과 사랑의 찬가로 사치를 부리죠.

Per sogni, per chimere
꿈을 위해   환상을 위해

꿈을 위해서는, 환상을 위해서는

e   per castelli in aria
그리고   성을 위해   공중의

그리고 꿈의 세계를 위해서는

＊**풀이** : 이탈리아에서는 환상의 세계, 꿈의 세계를 castelli in aria, 즉 공중에 떠 있는 성이라고
표현한다. 즉 당장 이룰 수 없는 꿈이라든지 멀리 바라만 보게 되는 소망 따위를 의미한다.

l'anima   ho   milionaria.
영혼, 마음   가지고 있다 백만장자의

마음만큼은 엄청난 부자예요.

＊**연출 노트** : 여기까지가 자신에 대한 소개이다. 뭔가 대단한 이야기를 한 것 같지만, 사실은
가진 것은 없어도 글쟁이로서 마음만은 부자이며, 미래에는 멋진 삶을 살 것을 기대하며 꿈
꾸고 있다고 자신의 삶을 시적으로 멋지게 포장한 것이다. 젊고 희망에 찬 청년의 모습으로
표현해 보자.

Talor   dal   mio forziere
때때로 ~로부터 나의   금고

가끔 내 금고에서

ruban tutti i gioielli
훔치다 전부   보석들

보석들을 전부 훔쳐가곤 하죠.

due ladri: gli occhi belli.
둘 도둑들 눈들 아름다운

두 도둑들이, 마치 아름다운 두 눈과 같은.

*연출 노트 : 미미의 눈을 바라보며 매우 달콤하게 이야기한다. 상상해 보라, 구애에 매우 적극적이라고 알려진 이탈리아 남자가 여인의 두 눈이 도둑이며 자신의 금고, 즉 심장에서 보석들을 훔쳐갔다고 말하고 있다. 세상에! Talor부터는 음악과 함께 갑자기 눈빛이 변했을 거라고 여겨지지 않는가?

V'entrar con voi pur ora
그곳에 들어가다 ~와 함께 당신 역시 지금

지금 당신과 함께 (금고 속으로) 들어오는군요.

ed i miei sogni usati
그리고 나의 꿈들 평소의

그리고 내가 꾸었던 꿈들

e i bei sogni miei
그리고 아름다운 꿈들 나의

그리고 나의 아름다운 꿈들은

tosto si dileguar.
빨리 소진되다

빠르게 사라졌네요.

Ma il furto non m'accora,
하지만 도난 아니다 나를 슬프게 하다

그래도 도난 당한 마음이 아프지는 않군요.

poiché vi ha preso stanza
~한 고로 당신에게서 취하다 자리를, 공간을

왜냐면 그 자리에

la dolce speranza!
달콤한 희망,기대

달콤한 희망이 자리했으니까!

*연출 노트 : 자신의 마음속에 있는 꿈과 소망을, 사랑에 빠진 남자의 가슴 터질 듯한 정열을 표현해 보자. Speranza가 마무리됨과 동시에 달콤한 눈으로 미미를 바라보라. 그리고 다음

구절을 부드럽게 말하듯 해보자.

Or che mi conoscete,
이제　　나를　　알다

자, 이제 내가 누구인지 알았으니

parlate voi.　Deh, parlate. Chi siete?
말하다 당신 감탄사 말하다　누구 이다

당신이 말해 봐요. 오, 말해 봐요. 당신은 누구신가요?

<u>Vi piaccia</u>　　　dir?
당신은 하길 원하다 말하다

말해 주겠어요?

* **연출 노트** : 이 달콤한 시간을 연장시키고 싶은 그는 이제 그녀를 설득해야만 한다. 매우 부드럽게 간청하면서.

MIMÌ Sì.
미미　네

좋아요.

(è un po' titubante, poi si decide a parlare; sempre seduta)
(조금 주저하다가 말하기로 마음먹는다. 계속 앉아 있는 상태)

Mi chiamano Mimì,
나를　부르다　　미미

사람들은 나를 미미라고 불러요,

ma il mio nome è Lucia.
하지만 나의　이름은 이다 루치아

하지만 내 이름은 루치아예요.

* **풀이** : 미미라는 이름은 성인 여자에게는 적합하지 않은 이름이다. 어린아이들에게나 붙여주는 예명 같은 것이고, 여자아이들이 가지고 노는 인형에나 붙이면 적합할 만한 이름이다. 반면에 루치아는 빛이라는 의미의 Luce에서 나온 이름으로 '밝게 빛나는'이라는 의미를 가진다. 사실은 밝게 빛나야 할 그녀의 삶이 생기가 없는 조화 같은 삶을 살고 있다고 푸념하고 있는 것일까.

La storia mia   è breve.
이야기   나의 이다 짧은

내 이야기는 짧아요.

A tela o a seta
천에   또는 실크에

나는 천이나 실크에

ricamo in casa   e   fuori…
수를 놓다 집에서 그리고 밖에서

수를 놓아요. 집이나 밖에서

Son tranquilla e   lieta
나는   차분한   그리고 쾌활한

나는 차분하고 또 쾌활하죠.

ed   è mio svago
그리고 이다 나의 취미

그리고 내 취미는

far gigli e rose.
하다 백합 과 장미

백합과 장미를 만드는 거예요.

*연출 노트 : 조금은 수줍은 듯 일상적이고 평범한 이야기를 한다. 연출가마다 원하는 미미의
모습이 있지만, 미미는 성숙하고 우아하게 행동하는 여성형이다. 이 특징들을 살려 자신의
색과 어울리는 미미의 모습을 만들어 내는 것이 중요하다.

Mi piaccion quelle cose
나는 좋아하다   그   것들

나는 그런 것들을 좋아해요

che han   sì dolce malìa,
가지고 있는 그래 달콤한 마법

달콤한 마법이 깃든 것들 말이에요.

che parlano d'amor, di primavere,
말하는   사랑에 대해   봄에 대해

사랑과 봄에 대해 속삭이는 것들,

di sogni   e   di chimere,
꿈에 대해   그리고   환상에 대해

또 꿈과 환상을 이야기하는 그런 것들요.

* **연출 노트** : 꿈(sogni)과 환상(chimere)은 로돌포가 앞서 사용했던 단어이다. 미미는 지금 그를 수줍은 듯 바라보며 능숙하게 그 단어들을 다시 사용하면서 공통 관심사를 끌어내고 있다.

quelle cose che han nome poesia…
  그   것들 가지고 있는 이름   시

그런 것들은 시라는 이름을 가지고 있죠.

* **연출 노트** : 시라는 이름을 가지고 있다니! 시인인 로돌포를 대놓고 유혹하는 대목이라고 할수 있다. 담대하게 유혹할 줄 아는 그녀가 로돌포에게 다가가 그의 눈동자를 세세히 들여다보며 달콤하게 속삭이듯 이야기한다면 극적인 표현이 몇 배로 증폭될 것이다. 그리고 로돌포를 바라보며 poesia를 또박또박 발음해 보자.

Lei   m'intende?
당신은 나를 이해하다

내 말 이해하세요?

* **연출 노트** : 아마도 완전히 넋이 나갔을 로돌포가 키스하려고 할지도 모른다. 하지만 그녀는 밀당의 고수. 꿈만 같은 부드럽고 관능적인 선율 뒤에 정리하는 듯한 말투로 분위기를 바꾼다. '내 말 이해하세요?'의 숨은 의도를 해석하자면, '나는 당신이 이야기한 모든 것들을 좋아하죠. 이 정도로 말했으니 알아들었죠?' 정도일 것이다.

RODOLFO (commosso)
로돌포   (감동하어)

Sì.
네

네.

* **연출 노트** : 지문에 보면 분명 commosso라고 나와 있다. 감동하였다는 뜻이다. 그런데 이 로돌포의 대답을 너무 편안하게 아무런 감정도 없는 대답으로 만드는 경우를 많이 본다. 앞서서 미미 역시 시라고 불리는 것들을 사랑한다고 이야기했지 않는가. 그는 자신이 하는 일마저도 좋아하는 통하는 여자를 만난 것이다. 그런 우아한 여인을! 그의 대답과 표정이 어떨까?

Mimì   Mi chiamano Mimì,
미미   나를   부르다   미미

사람들은 나를 미미라고 불러요.

il perché non so.
　　　　이유　　모르다

왠지는 몰라요.

Sola,　 mi fo   il pranzo da me stessa.
혼자　스스로에게 하다 점심식사　 나 자신에게

나 혼자서, 스스로에게 밥도 차려주고요.

Non vado sempre a messa,
가지 않다　항상　　예배에

예배드리러 항상 가는 건 아니에요.

＊풀이 : 시대 배경을 생각하면 정숙한 여인은 교회에 나가는 것이 매우 당연한 일이며, 의무라
고까지 할 수 있었다.

ma　 prego assai il Signore.
하지만 기도하다 많이　　 하나님

하지만 하나님께 기도는 많이 드린답니다.

＊연출 노트 : 교회를 나가는 것이 당연한데 항상 가는 것은 아니라고 고백했으니, 혹여나 자신
을 오해할까봐 스스로가 믿음이 있는 정숙한 여인임을 알리기 위해 하는 말이다. 그러므로,
하지만(ma)을 살려서 '오해하지 마세요, 그래도 기도는 많이 한답니다'라는 느낌으로 해준
다면 표현이 더 풍부해질 것이다.

Vivo sola, soletta
살다 혼자　 혼자서

혼자 살아요. 홀로이.

＊연출 노트 : 처음 만난 외간 남자에게 혼자 산다는 말을 이렇게 두 번이나 강조해서 하다니!
sola보다 soletta가 더 귀엽고 사랑스러운 표현이다. 로돌포를 바라보며 Soletta를 '저, 혼자
산다니까요?'라는 느낌으로 해주면 더 재미있어진다.

là in una bianca cameretta:
거기 한　 하얀　 작은 방에

그곳 하얗고 작은 방에서

guardo sui tetti   e in cielo;
바라보다 ~위로 지붕들 그리고   하늘

지붕들과 하늘을 바라봐요.

＊**연출 노트** : Guardo sui tetti에서 조금씩 느려지면서 e in cielo까지 느려지는 것으로 감정선
이 바뀐다. 감정이 증폭되는 것을 느끼게 하라. 미미는 지금 다른 세상에 온 듯, 혼자만의 감
정에 사로잡힌다. 그녀가 지금 보는 것은 로돌포와 그의 다락방이 아닌, 자신의 작고 하얀
방에서 보이는 도시의 지붕들, 그리고 시선을 위로 옮겨가 보이는 하늘이다. 관객이 그 시선
을 느끼게 하라.

ma quando vien   lo sgelo
하지만 ~때   오다 해동, 얼음이 녹음

하지만 얼음이 녹으면

＊**풀이** : 얼음이 녹는다는 것은 봄이 오는 것을 의미.

＊**연출 노트** : 완전히 다른 공간에 있는 미미. 그녀는 로돌포와 대화를 하고 있었다는 것도 잊
은 듯이 철저히 자신만의 공간에서, 자신의 가질 수 없는 희망을 독백처럼 이야기하기 시작
한다.

il primo sole   è mio
첫 번째   해, 태양 이다 나의

첫 번째 태양은 내 거예요.

＊**연출 노트** : 자신이 가질 수 없는 첫 번째 태양을 바라보고 있다. 시선을 관객이 느끼게 하라.

il primo bacio dell'aprile è   mio!
첫 번째   키스   4월의   이다 나의

4월의 첫 번째 입맞춤도 내 거죠!

＊**연출 노트** : 찾아올 봄의 달콤한 첫키스도 자신의 것이라고 말하지만, 미묘하게도 그녀의 격
앙된 마음을 표현하는 음악은, 가질 수 없는 것을 갖고자 하는 미미의 몸부림을 느끼게 한
다. 마지막의 mio! 가 더 강조가 된다면, 그 누구의 것도 아닌 자신의 것임을 강조하는 미미
가 얼마나 봄을 갈구하고 있는지가 느껴지게 된다. 봄은 그녀가 누릴 수 없는 시간이므로,
스스로 죽음에 대한 암시를 하는 듯한 대목이다.

Germoglia in un vaso una rosa…
발아하다   한 화분에 장미 한 송이

화분에서 장미 한 송이가 나오면

***연출 노트** : 푸치니는 폭풍처럼 몰아치는 감정이나 다발적으로 변화하는 감정들을 음악적으로 세세하게 표현하는 데 천부적인 소질을 가지고 있다. 앞서 자신만의 공간에서 봄과 희망, 삶에 대한 열망으로 사로잡혔던 미미가 다시 정신을 차리고 화분에서 장미꽃이 한 송이 피어 오를 거라고 이야기를 돌리고 있다. 지금 미미는 다시 로돌포의 공간으로 돌아와 있다. 로돌포와 눈이 마주치는 것으로 그것을 관객이 느끼게 한다면 좋을 것이다.

Foglia a foglia   la   spio!
　잎　　　잎　그 것(장미)　훔쳐보다

한 잎, 한 잎 나오는 걸 훔쳐보죠!

Così   gentile
그렇게　친절한, 우아한

그렇게도 우아한

il profumo d'un fiore!
　향기　　　꽃의

꽃 향기!

***연출 노트** : 생각만 해도 너무나 향기로울 아름다운 꽃들로 행복감이 잠시 밀려온다.

Ma i fior ch'io faccio, ahimè! non hanno odore.
하지만 꽃 들　내가　만들다　휴우, 아참　　없다　냄새, 향기

하지만 내가 만드는 꽃들은, 휴우! 아무 향기도 안 나요.

***연출 노트** : 봄에 피어날 꽃은 그렇게도 우아한 향기를 가졌을 테지만, 자신이 만드는 가짜 꽃들, 즉 꽃장식들은 아무런 향기도 없다는 이야기를 하면서 그녀는 마치 자신의 삶이 향기 없는 가짜 꽃인 양 동화되는 느낌을 준다. 앞과는 전혀 다른 분위기로 슬픈 듯한 얼굴과 어쩌면 조금은 다시 넋이 나간 듯한 눈빛으로 노래한다면 느낌이 증폭될 것이다.

Altro   di me non le saprei narrare.
다른 것　나에 대해　알지 못하다　　말하다

당신께 무슨 다른 이야기를 해야 할지 모르겠네요.

***연출 노트** : 다시 정신을 차린 미미가 황급히 서둘러 이야기를 끝낸다.

Sono la sua vicina che la   vien fuori d'ora a importunare.
이다　당신의　이웃　　당신을　오다　늦은 시각　　귀찮게 하러

저는 그저 이 늦은 시각에 당신을 귀찮게 하려고 온 이웃일 뿐이죠.

SCHAUNARD (dal cortile)
쇼나르 (안 뜰에서)

Ehi! Rodolfo!
이봐 로돌포

어이! 로돌포!

COLLINE Rodolfo!
콜리네 로돌포

로돌포!

MARCELLO Olà. Non senti?
마르첼로 여봐 안 들리다

이봐! 안 들려?

(alle grida degli amici, Rodolfo s'impazienta)
(친구들의 고함에 로돌포는 인내를 잃는다)

Lumaca!
달팽이

굼벵이!

COLLINE Poetucolo!
콜리네 시인, 글쓰는 사람의 경멸적 표현

글쟁이!

SCHAUNARD Accidenti al pigro!
쇼나르 제길, 젠장 게으름뱅이에게

젠장할 게으름뱅이!

(sempre più impaziente, Rodolfo a tentoni si avvia alla finestra e l'apre spingendosi
un poco fuori per rispondere agli amici che sono giù nel cortile: dalla finestra aperta
entrano i raggi lunari, rischiarando così la camera)
(점점 인내를 잃은 로돌포가 창문에서 머리를 내밀어 안뜰에 있는 친구들에게 대답한다. 창문으
로 달빛이 들어오고 방은 밝아진다)

RODOLFO   (alla finestra)
로돌포   (창문에서)

Scrivo ancor tre righe   a volo.
쓰다   아직   셋   줄   빨리, 재빠르게

재빨리 세 줄만 더 쓰고 내려갈게.

MIMÌ   (avvicinandosi un poco alla finestra)
미미   (창문 쪽으로 조금 다가서면서)

Chi sono?
누구   이다

누구예요?

RODOLFO   (a Mimì)
로돌포   (미미에게)

Amici.
친구들

친구들이죠.

SCHAUNARD   Sentirai le   tue.
쇼나르   듣다   너의   것들을

너 잔소리 좀 들을 줄 알어.

＊풀이 : 매우 이탈리아적인 표현으로 '너의 것들을 들을 것이다'는 '잔소리 들을 줄 알어' 또는
'너 혼날 거야' 등으로 해석된다.

MARCELLO   Che   te ne fai   lì   solo?
마르첼로   무엇   스스로에게 하다   거기서   혼자

거기서 대체 혼자 무얼 하는 거야?

RODOLFO   Non sono solo. Siamo in due. Andate da *Momus*, tenete il posto,   ci
로돌포   아니다   혼자   이다   두 명   가다   모무스에   잡다   자리   그곳에

saremo tosto.
있다   빨리

혼자가 아냐. 둘이 있다구. 모무스에 먼저 가서 자리를 잡아, 우리도 곧 따라갈 테니.

(rimane alla finestra, onde assicurarsi che gli amici se ne vanno)

(창문에 서서 친구들이 가는지 본다)

MARCELLO, SCHAUNARD E COLLINE
마르첼로, 쇼나르와 콜리네

(allontanandosi)

(멀어지며)

Momus, *Momus*, *Momus*, zitti   e   discreti <u>andiamocene via.</u>
모무스   모무스   모무스   조용히 그리고 사려깊은   가버리다

모무스, 모무스, 모무스, 조용하고 사려깊게 떠나주자구.

Momus, *Momus*, *Momus*, il poeta trovò la poesia.
모무스   모무스   모무스   시인 발견하다   시

모무스, 모무스, 모무스, 시인이 시를 발견했군.

＊**풀이** : 시는 연인을 뜻한다. 즉 미미이다.

(Mimì si è avvicinata ancor più alla finestra per modo che i raggi lunari la illuminano: Rodolfo, volgendosi, scorge Mimì avvolta come da un nimbo di luce, e la contempla, quasi estatico)

(미미는 달빛이 그녀를 비출 수 있도록 창문으로 더 가까이 다가선다. 로돌포는 몸을 돌려, 마치 성녀의 후광으로 싸인 듯한 미미를 넋을 놓고 미동도 없이 바라보다가)

RODOLFO O soave fanciulla, o dolce viso <u>di mite</u> circonfuso alba lunar <u>in te,</u>
로돌포   오 사랑스런   소녀   오 달콤한 얼굴 온화하게 둘러싸인   새벽 달의 네 안에

ravviso il sogno ch'io vorrei sempre sognar!
인지하다   꿈   나는 원하다   항상   꿈꾸다

오 사랑스런 그대여, 새벽의 달이 감싸는 온화하고 달콤한 얼굴이여, 네 안에서 내가 영원히 꿈꾸기를 바라던 그 꿈을 보노라!

＊**연출 노트** : 주체할 수 없는 감정의 폭발이 일어난다. 로돌포는 넋이 나가서 '오, 사랑스런 그대여'라고 미미를 부르듯 부드럽게 시작하지만 이내 더 이상 참을 수 없는 사랑의 화신이 되고, 그 감정을 여과없이 표출한다.

MIMÌ (assai commossa)
미미   (크게 감동하여)

Ah! tu sol comandi, amore!…
아   너 오직 명령하다   사랑

아! 오직 그대만 명령하세요, 사랑이여!

* **연출 노트** : 이 감정의 에너지를 받은 미미 역시 터질 듯한 감정으로 당신만이 나를 가질 수
있다고 거듭 말한다.

Insieme (함께)

RODOLFO (cingendo con le braccia Mimì)
로돌포   (미미의 허리를 팔로 감싸며)

Fremon già nell'anima
진동하다 이미   영혼 안에서

이미 내 영혼 속에

le dolcezze estreme,
  달콤함   극한의

진하디 진한 달콤함이 요동치고,

nel   bacio freme amor!
안에서 키스 진동하다 사랑

입맞춤 속에 사랑이 요동치네.

MIMÌ (quasi abbandonandosi)
미미 (거의 몸을 무너뜨리며)

Oh! come dolci scendono le sue lusinghe al core… tu sol comandi,
오   얼마나 달콤한 내려오다   그의 유혹, 매혹 가슴에   당신 오직 명령하다

amore!…
  사랑

오! 너무나 달콤해요, 내 가슴에 쏟아지는 그의 유혹은… 오직 당신만 명령하세요, 사
랑이여!…

(Rodolfo bacia Mimì)
(로돌포, 미미에게 키스한다)

MIMÌ (svincolandosi)
미미 (몸을 빼내며)

No, per pietà!
안 되다, 제발

안 돼요, 제발!

* **연출 노트** : 미미의 밀당이다. 사실 미미는 크리스마스 이브를 집에서 보내고 싶지 않다. 그가
친구들을 만나러 모무스에 갈 것을 알고 있기에 함께 가고 싶은 마음이 생겼다. 그래서 지금
그와 사랑을 나눈다면 일이 틀어지고 말 것이기에 앙탈을 부리는 것이다. 부드럽게 그리고
조금은 수줍은 척하는 앙탈을 부려보자.

RODOLFO Sei mia!
로돌포   이다 나의 것

넌 내 거야!

MIMÌ   V'aspettan gli amici…
미미   당신을 기다린다   친구들

친구들이 당신을 기다리잖아요.

RODOLFO Già mi mandi via?
로돌포   벌써 나를 보내버리다

벌써 날 쫓아내는 거야?

MIMÌ   (titubante)
미미   (머뭇거리며)

Vorrei dir…   ma   non oso…
원하다 말하기 하지만 감히~하지 않다

저… 말하고 싶은 게 있는데… 좀 망설여져요…

RODOLFO   (con gentilezza)
로돌포   (부드럽게)

Di'.
말하다

말해봐.

MIMÌ   (con graziosa furberia)
미미   (우아하지만 여우같이)

Se venissi con voi?
만약 오다 당신과

내가 당신과 함께 가면 어때요?

RODOLFO (sorpreso)
로돌포 　(놀라서)

Che?··· Mimì?
무엇 　미미

뭐?··· 미미?

(insinuante)
(유혹적으로)

Sarebbe così dolce restar qui. C'è freddo fuori.
이다 이렇게 달콤한 머물다 여기 있다 추위 밖

여기 있으면 이렇게 황홀한데. 밖은 춥다고.

*연출 노트 : 그녀를 안고 싶어 안달이 난 로돌포는 이미 나가고 싶은 마음이 사라졌고, 그녀와 남아 있고 싶은 마음에 미미를 설득해본다. '아니, 밖으로 나가겠다니! 무슨 소리야?'

MIMÌ (con grande abbandono)
미미 　(크게 뿌리치며)

Vi starò vicina!···
당신에게 머물다 가까이

당신 곁에 있을게요!···

*연출 노트 : 남자를 다룰 줄 아는 성숙한 미미는 어린아이 같이 조르는 로돌포를 달래듯 말한다.

RODOLFO E al ritorno?
로돌포 그리고 돌아와서

그럼··· 돌아와서는?

MIMÌ (maliziosa)
미미 　(새침하게)

Curioso!
호기심이 많은

호기심쟁이!

RODOLFO (aiuta amorosamente Mimì a mettersi lo scialle)
로돌포 　(다정하게 미미에게 숄을 입혀준다)

　　　Dammi il braccio, mia piccina.
　　　나에게 주다　　팔을　　나의 작은 아이

　　내 작은 연인씨, 자 팔을 주시죠.

MIMÌ (dà il braccio a Rodolfo)
미미 　(로돌포에게 팔짱을 끼며)

　　　Obbedisco, signor!
　　　순종하다　　신사, 주인

　　순종하겠습니다, 주인님!

　　(s'avviano sottobraccio alla porta d'uscita)
　　(팔짱을 끼고 문 밖을 나선다)

RODOLFO Che m'ami di'⋯
로돌포 　　나를 사랑한다고　　말하다

　　나를 사랑한다고 말해줘.

MIMÌ (con abbandono)
미미 　(로돌포에게 떨어지며)

　　　Io　　　t'amo!
　　　나는　　당신을 사랑하다

　　당신을 사랑해요.

RODOLFO Amore!
로돌포 　　　사랑

　　내 사랑!

MIMÌ Amor!
미미 　　사랑

　　내 사랑이여!

LA BOHÈME

QUADRO SECONDO

2막

"… Gustavo Colline, il grande filosofo; Marcello, il grande pittore; Rodolfo, il grande poeta; e Schaunard, il grande musicista - come essi si chiamavano a vicenda - frequentavano regolarmente il Caffè Momus dove erano soprannominati: I quattro Moschettieri: perché indivisibili.

구스타보 콜리네는 위대한 철학자, 마르첼로는 위대한 화가, 로돌포는 위대한 시인, 쇼나르는 위대한 음악가라고 서로를 불렀다. 항상 같이 몰려다닌다는 이유로 그들을 4총사라는 별명으로 부르는 카페 모무스를 자주 드나들곤 했다.

"Essi giungevano infatti e giuocavano e se ne andavano sempre insieme e spesso senza pagare il conto e sempre con un "accordo" degno dell'orchestra del Conservatorio."

그들은 늘 다같이 몰려가서 놀다가 항상 같이 자리를 떴으며, 자주 계산을 하지 않고 음악원의 오케스트라에 합당한 "협의서"로 대신 지불하곤 했다.

"Madamigella Musetta era una bella ragazza di venti anni…

마드모아젤 무제타는 20살의 아름다운 여인이었다.

"Molta civetteria, un pochino di ambizione e nessuna ortografia…

대단한 요부에, 약간의 야망을 가졌으며 일자무식이다.

"Delizia delle cene del quartier Latino…

라탱 구역의 맛있는 저녁식사를 즐기고…

"Una perpetua alternativa di brougham bleu e di omnibus, di via Breda e di quartier Latino.

브레다 거리와 라탱 구역에 있는 브룩햄 블루와 합승 마차의 여사제

"- O che volete? - Di tanto in tanto ho bisogno di respirare l'aria di questa vita. La mia folle esistenza è come una canzone; ciascuno de' miei amori è una strofa, - ma Marcello ne è il ritornello.-"

"오, 뭘 원하는 거야? 나는 계속 이 생활을 더 만끽하고 싶어. 내 어리석은 존재는 한 곡의 노래와도 같지. 나의 연인들은 모두 각각의 시 구절과 같지만 마르첼로는 후렴구라고나 할까…"

Al quartiere latino

라탱 구역에서

Un crocicchio di vie che al largo prende forma di piazzale; botteghe, Venditori di ogni genere; da un lato, il Caffè Momus.

큰 공간에 광장을 형성하는 한 교차로; 상점들, 온갖 상인들이 보이고, 한쪽에는 카페 모무스가 있다.

LA VIGILIA DI NATALE

크리스마스 이브

Gran folla e diversa: Borghesi, Soldati, Fantesche, Ragazzi, Bambine, Studenti, Sartine, Gendarmi, ecc. Sul limitare delle loro botteghe i Venditori gridano a squarciagola invitando la folla de' Compratori. Separati in quella gran calca di gente si aggirano Rodolfo e Mimì da una parte, Colline presso la bottega di una Rappezzatrice; Schaunard ad una bottega di ferravecchi sta comperando una pipa e un corno; Marcello spinto qua e là dal capriccio della gente. Parecchi Borghesi ad un tavolo fuori del Caffè Momus. È sera. Le botteghe sono adorne di lampioncini e fanali accesi; un grande fanale illumina l'ingresso al caffè.

다양한 군중들 : 신사들, 군인들, 하녀들, 소년들, 어린 소녀들, 학생들, 여재봉사들, 호위병 등등. 상인들은 가게로 구매자들을 불러모으기 위해서 목청껏 소리친다. 그 엄청난 군중 속에 모두 흩어져서, 로돌포와 미미는 한 편에, 콜리네는 수선점에, 쇼나르는 고물상에서 파이프와 나팔을 사고 있다. 마르첼로는 사람들의 파도에 휩쓸려 이리저리 밀려다니고 있다. 수많은 신사들이 카페 모무스 밖의 테이블에 앉아 있다. 저녁이다. 상점들은 조명과 작은 등불들로 장식되어 있고, 큰 조명이 카페의 입구를 밝히고 있다.

Insieme (다 함께)

VENDITORI (sul limitare delle loro botteghe, altri aggirandosi tra la folla ed offrendo la
장사꾼들   propria merce)

(상점들이 꽉 차서, 어떤 이들은 군중 속을 돌아다니며 각자의 물건을 팔고 있다)

Aranci, datteri! Caldi i marroni!
오렌지   대추   따뜻한   밤

오렌지, 대추! 따끈한 군밤 있어요!

Ninnoli, croci.   Torroni! <u>Panna montata!</u>
장난감   십자가 또로니(과자류)   생크림

장난감, 십자가. 또로니! 생크림 팔아요!

Caramelle! La crostata!   Fringuelli
   사탕   잼을 얹은 파이 프린궬리(참새과의 작은 새)

사탕! 크로스타타! 프린궬리 있어요!

passeri! Fiori <u>alle belle!</u>
   참새   꽃   미녀들에게

참새 사세요! 미녀들에게는 꽃을!

LA FOLLA
군중

(studenti, sartine,borghesi e popolo)

(학생들, 여재봉사들, 신사들과 대중)

Quanta   folla! Su, corriam! Che chiasso!
얼마나 많은   인파   어서 달리다   감탄   소음

엄청난 인파군! 서둘러, 뛰자구! 시끄러워 죽겠어!

Stringiti a me. Date il passo.
붙잡다 나에게 주다   걸음

날 꼭 잡아. 길 좀 비켜 주세요.

AL CAFFÈ Presto qua! Camerier! Un bicchier!
카페에서   빨리 여기 웨이터   한   잔

빨리 여기! 웨이터! 잔 하나!

Corri! Birra! Da ber! Un caffè!
뛰다   맥주   마실 것   커피 한 잔

어서! 맥주! 마실 것 좀! 커피 한 잔!

VENDITORI Latte <u>di cocco</u>! Giubbe! Carote!
장사꾼들   우유 코코넛의   외투   당근

코코넛 우유! 외투! 당근!

LA FOLLA
군중

>(allontanandosi)
>
>(멀어지면서)
>
>Quanta folla, su, partiam!
>얼마나 많은 인파 어서 떠나자
>
>어마어마한 인파야, 어서, 여길 뜨자구!

Insieme (함께)

SCHAUNARD E COLLINE
쇼나르와   콜리네

>(Schaunard, dopo aver soffiato nel corno che ha contrattato a lungo con un venditore di ferravecchi)
>
>(쇼나르, 고물상인과 오랜 시간 홍정 끝에 구입한 나팔을 불어 보고는)
>
>Falso questo re!
>거짓의   이   레
>
>이 레는 음정이 틀리군!
>
>Pipa   e corno   quant'è?
>파이프 그리고 나팔 얼마이다(가격을 물을 때)
>
>파이프와 나팔 다해서 얼마유?
>
>(paga)
>
>(지불한다)
>
>(Colline, presso la rappezzatrice che gli ha cucito la falda di uno zimarrone)
>
>(콜리네, 긴 외투의 날개 부분을 수선해준 수선소에서)
>
>È un poco usato…
>이다   조금   사용한
>
>좀 중고이긴 한데…
>
>ma   è serio   e a buon mercato…
>하지만 이다 진지한 그리고   가격이 좋은
>
>하지만 좋은 제품에 가격도 적절하군…

(paga, poi distribuisce con giusto equilibrio i libri dei quali è carico nelle molte tasche dello zimarrone)

(지불하고 나서 외투의 주머니 속에 골고루 분배하여 책들을 집어 넣는다)

MIMÌ E RODOLFO (Rodolfo, a braccio con Mimì, attraversa la folla avviato al negozio
미미와 로돌포 della modista)

(로돌포, 미미와 팔짱을 끼고, 군중을 헤치고 모자가게로 간다)

Andiam.
가다

가자.

MIMÌ Andiam per la cuffietta?
미미 가다 ~위해 본네트(머릿수건, 여성용 모자)를 위해

본네트 사러 가는 거예요?

RODOLFO Tienti al mio braccio stretta…
로돌포 붙잡다 나의 팔에 꽉, 조여진

내 팔을 꽉 잡으라고!

MIMÌ A te mi stringo…
미미 너에게 나를 단단히 죄다

단단히 잡고 있을게요.

(entrano in una bottega di modista)

(모자가게로 들어간다)

MARCELLO (tutto solo in mezzo alla folla, con un involto sotto il braccio, occhieggiando
마르첼로 le donnine che la folla gli getta quasi fra le braccia)

(군중 속에서 홀로, 겨드랑이에 두루마리 하나를 끼고는 인파에 밀려서 자신의 품속으로 들어오는 여인들을 빤히 바라보며)

Io pur mi sento in vena di gridar:
나 ~마저 느끼다 혈관 속에 소리지르다

소리지르고 싶은 충동마저 느끼는군!

«Chi vuol, donnine allegre, un po' d'amor! Facciamo insieme a vendere
누구 원하다, 여자들 생기발랄한 조금 사랑의 하다 함께 파는 것을

e a comprar!»
그리고 사는 것을

생기 넘치는 예쁜이들, 누가 약간의 사랑을 원하나요! 나와 함께 사고 팔고 해요!

* **연출 노트** : 매우 신나고 기쁨이 넘친다. 이 젊은이들의 관심사는 즐기는 삶이며, 그것을 위해 여자가 빠질 수는 없는 것이다! 마르첼로는 크리스마스 이브에 길거리로 밀려나온 여자들 모두를 꼬시기라도 할 듯 신나서 떠든다.

UN VENDITORE Prugne di Tours!
한 장사꾼 자두 투르의

투르산 자두요! (최상품종으로 여겨지는 Tours 지역산 자두)

(entra un gruppo di venditrici)

(여자 장사꾼의 무리가 들어온다)

MARCELLO Io do ad un soldo il vergine mio cuor!
마르첼로 나는 주다 한 푼에 처녀 나의 마음

나의 처녀 마음을 단 한 푼에 팝니다!

* **풀이** : 단 한 번도 사랑해 본 적이 없는 처녀성을 가진 마음.

* **연출 노트** : 처녀 마음일 리 없는 마르첼로의 이 멘트는 위트가 넘친다. 스스로 말하면서도 재 밌어서 얼굴에 웃음이 가득하지 않을까?

(la ragazza si allontana ridendo)

(소녀가 웃으며 멀어진다)

SCHAUNARD (va a gironzolare avanti al caffè Momus aspettandovi gli amici: intanto arma-
쇼나르 to della enorme pipa e del corno da caccia guarda curiosamente la folla)

(카페 모무스 앞에서 서성이며 친구들을 기다린다. 그는 아주 큰 파이프와 사냥용 나 팔로 무장하고는 호기심에 차서 군중들을 바라본다)

Fra spintoni e pestate accorrendo
~사이에 밀치기(몸싸움) 그리고 밟기 질주하다

몸싸움과 짓밟힘 속에서 질주하며

affretta la folla   e   si diletta <u>nel provar</u> gioie matte···
서두르다 인파, 군중   그리고   기뻐하다   시도하기   환희 광적인

insoddisfatte···
만족할 수 없는, 채울 수 없는

군중은 서두르네. 그리고 광적이고··· 만족할 수 없는 환희를 느끼며 기뻐하네···

* 풀이 : 쇼나르는 군중을 바라보며 수많은 인파 속에서 사람들이 서로 밀치고 발을 밟기도 하
며 분주한 모습을 묘사한다. 이 크리스마스 이브의 혼란을 표현하는 대사는 당시 프랑스의
사회상황을 풍자하고 있다고도 볼 수 있다.

ALCUNE VENDITRICI Ninnoli, spillette!
몇 명의 여자 장사꾼   장난감들   머리핀들

장난감, 머리핀이요!

Datteri e caramelle!
대추 그리고   사탕

대추와 사탕!

VENDITORI Fiori alle belle!
장사꾼   꽃   ~에게 미녀들

미녀들에게는 꽃을!

COLLINE (se ne viene al ritrovo, agitando trionfalmente un vecchio libro)
콜리네   (오래된 책 한 권을 흔들며 약속 장소로 기세있게 들어온다)

Copia rara,   anzi   unica:la grammatica runica!
책, 사본 드문 아니, 오히려 유일한   문법   루네(rune)의

아주 드문 사본이지, 아니 유일한 거야. 바로, 독일어(루네) 문법책이라고!

   * Rune : 스칸디나비아 국가들에서 사용되던 독일어 활자.

SCHAUNARD Uomo onesto!
쇼나르   남자   정직한

올곧은 남자구만!

MARCELLO (arrivando al caffè Momus grida a Schaunard e Colline)
마르첼로   (카페 모무스로 들어오면서 쇼나르와 콜리네에게 소리친다)

A cena!
저녁식사로

밥 먹으러 가자구!

SCHAUNARD E COLLINE Rodolfo?
쇼나르와   콜리네   로돌포

로돌포는?

MARCELLO Entrò   da una modista.
마르첼로   들어가다 ~에게   모자 장인

모자가게에 들어가더군

(uscendo dalla modista insieme a Mimì)

(미미와 함께 모자상점에서 나오면서)

RODOLFO Vieni, gli amici aspettano.
로돌포   오다   친구들   기다리다

자, 어서 와. 친구들이 기다리고 있어.

VENDITORI Panna montata!
상인들   크림   상승, 부풀린

생크림이요!

MIMÌ (accennando ad una cuffietta che porta graziosamente)
미미   (우아하게 쓰고 있는 본네트를 가리키며)

Mi **sta bene** questa cuffietta rosa?
나에게 어울리다   이   본네트   분홍색

이 분홍 본네트 나한테 잘 어울려요?

(Marcello, Schaunard e Colline cercano se vi fosse un tavolo libero fuori del caffè
all'aria aperta, ma ve n'è uno solo ed è occupato da onesti borghesi. I tre amici li ful-
minano con occhiate sprezzanti, poi entrano nel caffè)

(마르첼로, 쇼나르와 콜리네는 카페 밖 야외에 혹시 자리가 있는지 찾아본다. 하지만 딱 하나뿐
인 자리는 신사들이 차지하고 있다. 세 명의 친구들은 그 신사들을 언짢게 노려보고는 카페 안으
로 들어간다)

MONELLI   Latte di cocco!
거리의 소년들   우유   코코넛의

코코넛 우유!

VENDITORI Oh, la crostata! Panna montata!
장사꾼들   오   파이   크림   부풀린

오, 파이요! 생크림 있어요!

AL CAFFÈ Camerier! Un bicchier! Presto, olà!   Ratafià!
카페에서   웨이터   한   잔   빨리   여이 라토피아(술의 일종)

웨이터! 한 잔 줘요! 빨리, 어이! 라토피아로!

RODOLFO (a Mimì)
로돌포   (미미에게)

Sei   bruna   e quel color ti   dona.
이다 갈색머리의 그리고 그   색 너를 돋보이게 하다

당신은 갈색머리라 그 색이 당신을 더 돋보이게 하는군.

MIMÌ (ammirando la bacheca di una bottega)
미미   (한 상점의 진열대에 눈길이 뺏겨)

Bel   vezzo   di corallo!
예쁜 목걸이, 보석   코랄의

정말 아름다운 코랄 목걸이네!

RODOLFO   Ho   uno zio milionario. Se fa senno il buon Dio,
로돌포   가지고 있다 한 삼촌 백만장자의 만약 아량을 베풀다 좋은 하나님

나 백만장자 삼촌이 있거든. 근데 만일 좋으신 하나님께서 아량을 베풀어 주시면,

voglio comprarti un vezzo assai più bel!
원하다 너에게 사주다 목걸이, 보석 훨씬   더 아름다운

이것보다 훨씬 더 아름다운 목걸이를 당신에게 사주고 싶어.

＊풀이 : Libretto(대본)에서는 90살 된 삼촌으로 나온다. 하나님이 베풀어 주는 아량은, 늙은
삼촌이 유산을 물려주고 죽는 것을 의미한다.

(Rodolfo e Mimì, in dolce colloquio, si avviano verso il fondo della scena e si perdo-
no nella folla)

(로돌포와 미미는 다정하게 대화하면서 무대의 끝으로 걸어가 인파 속에 사라진다)

(ad una bottega del fondo un venditore monta su di una seggiola, con grandi gesti
offre in vendita delle maglierie, dei berretti da notte, ecc. Un gruppo di ragazzi ac-
corre intorno alla bottega e scoppia in allegre risate)

(구석의 한 상점에는 장사꾼 한 명이 의자에 올라가 큰 동작으로 내복과 취침용 모자들을 팔고
있다. 한 소년 무리가 상점 근처로 몰려와서는 한바탕 웃음을 터트린다)

MONELLI (ridendo)
거리의 소년들 (웃으며)

Ah! Ah! Ah! Ah!
하! 하! 하! 하!

SARTINE E STUDENTI (Ridendo accorrono nel fondo presso i monelli)
여재봉사들과 학생들 (웃으며 소년들이 있는 곳으로 뛰어간다)

Ah! Ah! Ah!…
하! 하! 하!…

BORGHESI Facciam coda alla gente!
신사들   하다   줄   사람들에게

사람들 뒤로 붙어 가자구!

Ragazze, state attente!
   소녀들   조심하다

아가씨들, 조심하라구!

Che chiasso! Quanta folla!
감탄   소음   감탄   인파

정말 시끄럽군! 엄청난 인파야!

Pigliam   via Mazzarino!
택하다, 잡다   마짜리노 거리

마짜리노 거리로 가자!

Io   soffoco,   partiamo!
나는   답답하다, 숨이 막히다   떠나다

숨도 못 쉬겠어, 어서 빠져나가자구!

Vedi   il Caffè   è   vicin!
보다   카페(모무스) 이다 가까이

보여? 카페에 다 왔어!

Andiamo là da Momus!
가다   저기   모무스로

저기 모무스로 가자!

(entrano nel caffè)

(카페로 들어간다)

VENDITORI Aranci, datteri, ninnoli, fior!
장사꾼들   오렌지   대추   장난감   꽃

오렌지, 대추, 장난감, 꽃이요!

(molta gente entra da ogni parte e si aggira per il piazzale, poi si raduna nel fondo. Colline, Schaunard e Marcello escono dal caffè portando fuori una tavola; li segue un cameriere co' le seggiole; i borghesi al tavolo vicino, infastiditi dal baccano che fanno i tre amici, dopo un po' di tempo s'alzano e se ne vanno. S'avanzano di nuovo Rodolfo e Mimì, questa osserva un gruppo di studenti)

(많은 사람들이 여기저기서 들어오고 광장을 돌다가 끝에서 만난다. 콜리네, 쇼나르와 마르첼로 는 카페에서 테이블 하나를 밖으로 들고 나오고, 그 뒤로 웨이터가 의자들을 들고 따라나온다. 옆 테이블의 신사들이 세 친구의 떠들썩한 소리에 짜증이 나서, 잠시 후에 일어나서 가버린다. 로돌 포와 미미가 다시 다가온다. 이 광경을 한 무리의 학생들이 보고 있다)

RODOLFO (con dolce rimprovero, a Mimì)
로돌포   (미미를 다정하게 질책하며)

Chi guardi?
누구   쳐다보다

누굴 보는 거야?

COLLINE Odio il profano volgo al par d'Orazio.
콜리네   증오하다   세속적인 서민, 하층민   오라치오 처럼

오라치오의 구절처럼 난 세속적인 민중을 증오해.

＊풀이 : 〈Le odi di Orazio〉 오라치오의 서정시. 고대 그리스의 시 103편을 모아서 기원전 30년 경에 4권의 책으로 발간한 시집. 그 중 "Odio il volgo dei profani e lo tengo lontano-난 세속적인 서민들을 증오하기에 그들을 멀리한다."라는 구절을 인용한 대사. 신사들이 언짢아서 자리를 뜬 것을 보고 콜리네가 오라치오의 시 구절을 인용해서 빈정댄 것이다.

MIMÌ (a Rodolfo)
미미   (로돌포에게)

Sei geloso?
이다 질투하는

당신 질투하는 거야?

RODOLFO All'uom felice sta il sospetto accanto.
로돌포   남자에게 행복한 있다   의심   옆에

행복한 남자 곁에는 항상 의심이 도사리지.

＊풀이 : 이탈리아에서 흔히 사용하는 표현으로 행복한 남자, 즉 uomo felice라는 표현은 사랑하는 여인을 얻은 남자를 의미한다. 고로, 연인이 있는 남자는 항상 다른 남자들을 경계할 수밖에 없다는 말이다.

SCHAUNARD Ed io, quando mi sazio, vo' abbondanza di spazio…
쇼나르   그리고 나는   ~때   배가 부르다 원하다   충분   공간의

그리고 나는 배가 부를 때, 뱃속에 자리가 더 있으면 좋겠어.

MIMÌ (a Rodolfo)
미미   (로돌포에게)

Sei felice?
이다 행복한

당신 행복해요?

MARCELLO (al cameriere)
마르첼로   (웨이터에게)

> Vogliamo una cena prelibata.
> 원하다   저녁식사 맛좋은, 탁월한
>
> 우리는 끝내주는 저녁식사를 하고 싶소.

RODOLFO (appassionato a Mimì)
로돌포   (미미에게 매혹되어서)

> Ah, sì, tanto! E   tu?
> 아 네 많이 그리고 당신
>
> 아, 그럼, 아주 많이! 당신은?

MIMÌ Sì, tanto!
미미 네 많이

> 응, 아주 많이!

> *연출 노트 : 이 커플과 모무스에 앉아 있는 친구들을 나눈 이 장면에서는, 마르첼로가 질투할 만큼 사랑에 빠진 로돌포와 미미가 충분히 보여지면 좋지 않을까? 단지 대사뿐만이 아닌 사랑에 빠진 연인의 동작들도 자연스럽게 첨가해 보자.

SARTINE E STUDENTI
여재봉사들과 학생들

> Là da Momus! Andiamo!
> 저기 모무스로   가다
>
> 저기 모무스로! 가자!

> (entrano nel caffè)
> (카페로 들어간다)

> (al cameriere, che corre frettoloso entro al caffè, mentre un altro ne esce con tutto l'occorrente per preparare la tavola)
> (다른 웨이터가 테이블을 준비하기 위해서 모든 필요한 것을 들고 나가는 동안, 카페 안에서 바쁘게 움직이고 있는 웨이터에게)

MARCELLO, SCHAUNARD E COLLINE
마르첼로,   쇼나르   그리고 콜리네

> Lesto!
> 빨리

빨리!

(Rodolfo e Mimì s'avviano al Caffè Momus)

(로돌포와 미미가 카페 모무스로 향한다)

PARPIGNOL   (interno, lontano)
파르피뇰   (안쪽, 멀리서)

> Ecco i giocattoli di Parpignol!
>   자   장난감들   파르피뇰의

파르피뇰의 장난감들이 왔어요!

RODOLFO   (si unisce agli amici e presenta loro Mimì)
로돌포   (친구들과 합류한 후, 미미를 소개한다)

> Due   posti.
>   둘   자리, 좌석

두 자리요.

COLLINE   Finalmente!
콜리네   마침내, 결국

드디어 왔군!

RODOLFO   Eccoci qui.
로돌포   여기 있다 여기

그래, 우리 왔어.

RODOLFO   Questa è Mimì, gaia   fioraia.
로돌포   이 사람 이다 미미 쾌활한 꽃집 아가씨, 꽃파는 처녀

여기는 미미, 꽃 만드는 쾌활한 아가씨지.

Il suo venir completa
그녀의 오다 완성하다

그녀가 온 것으로

la bella compagnia,
아름다운 동행, 교제, 사귐

우리의 만남은 완전해졌지.

perché son io il poeta,
왜냐하면 이다 나 시인

왜냐면 나는 시인이고,

essa la poesia.
그녀 시, 운문

그녀는 바로 시니까.

Dal mio cervel sbocciano i canti,
~부터 나의 뇌, 머리 피어나다 노래들

내 머리에서 노래가 피어나고

dalle sue dita sbocciano i fior;
~로부터 그녀의 손가락 피어나다 꽃들

그녀의 손가락에서는 꽃이 피어나고

dall'anime esultanti
영혼들로부터 즐거운, 기뻐하는

즐거운 영혼들로부터

sboccia l'amor.
피어나다 사랑

사랑이 피어난다네.

MARCELLO, SCHAUNARD E COLLINE (ridendo)
마르첼로, 쇼나르와 콜리네 (웃으며)

Ah! Ah! Ah! Ah!
하! 하! 하! 하!

MARCELLO (ironico)
마르첼로 (빈정대며)

Dio, che concetti rari!
세상에 감탄 표현 드문

이런, 아주 보기 드문 표현일세!

* **연출 노트** : 로돌포는 여자들을 꼬실 때 이런 표현들을 자주 썼던 걸로 보인다. 이후에 친구들이 로돌포를 연애박사라고 놀리는 것으로 보아, 마르첼로가 늘 써먹던 표현들을 꼭 처음 하는 것처럼 말하는 그를 빈정댄 것이다. 지금 아름다운 여인을 애인으로 데려온 로돌포가 못마땅하다.

COLLINE (solenne, accennando a Mimì)
콜리네 (장엄하게, 미미를 가리키며)

Digna est intrari.
가치있는 이다 들어가다

우리 모임에 들어올 자격이 되는군.

* **풀이** : Digna est intrari = E' degno di entrare (몰리에르가 썼던 라틴어구를 이용한 것)

SCHAUNARD (con autorità comica)
쇼나르 (코믹하고 위엄있게)

Ingrediat si necessit
가다 만약 필요하다

꼭 그래야 한다면 들어오시죠.

* **풀이** : Ingrediat si necessit(라틴어구) = Vai se è necessario

COLLINE Io <u>non do</u> che un *accessit*!
콜리네 나는 주지 않다 ~말고 다른 것은 통과

나는 무조건 통과!

* **accessit** : 충분한 점수를 얻은 참가자를 통과시킬 때 통상적으로 썼던 라틴어 표현.

(tutti siedono intorno al tavolo, mentre il cameriere ritorna)
(모두가 테이블에 둘러 앉고, 웨이터가 돌아온다)

PARPIGNOL (vicinissimo)
파르피뇰 (매우 가까운 곳에서)

Ecco i giocattoli <u>di Parpignol</u>!
자　　　 장난감들　　 파르피뇰의

파르피뇰의 장난감들이 왔어요!

COLLINE (vedendo il cameriere gli grida con enfasi)
콜리네　　 (웨이터를 보자 과장되게 외친다)

Salame!
살라메(말린 이탈리아식 소시지)

살라메!

(il cameriere presenta la lista delle vivande, che passa nelle mani dei quattro amici,
guardata con una specie di ammirazione e analizzata profondamente)
(웨이터가 음료 메뉴를 보여주자 네 친구가 돌려본다. 반짝이는 눈으로 주의 깊게 읽는다)

(da via Delfino sbocca un carretto tutto a fronzoli e fiori, illuminato a palloncini: chi
lo spinge è Parpignol, il popolare venditore di giocattoli; una turba di ragazzi lo se-
gue saltellando allegramente e circonda il carretto ammirandone i giocattoli)
(델피노 거리부터 잡다한 장식과 꽃들로 가득하고 풍선으로 밝혀져 있는 수레가 오고 있다. 유명
한 장난감 장수 파르피뇰이 수레를 밀고 있다. 소년들 무리가 신나서 방방 뛰며 그를 따르고 있
다. 그리고 수레를 둘러싸고는 넋을 잃고 장난감들을 바라보고 있다)

BAMBINE E RAGAZZI (interno)
어린 여자 아이들과 소년들 (안쪽에서)

Parpignol, Parpignol!
파르피뇰　　 파르피뇰

파르피뇰, 파르피뇰!

(in scena)
(장면에서)

Ecco　　 Parpignol, Parpignol!
여기에 있다 파르피뇰　　 파르피뇰

파르피뇰, 파르피뇰이다!

Col　 carretto tutto fior!
~와 함께 손수레　 전부　 꽃

꽃으로 장식한 멋진 수레!

Ecco   Parpignol, Parpignol!
여기에 있다 파르피뇰   파르피뇰

파르피뇰, 파르피뇰이 왔어!

Voglio la tromba, il cavallin, il tambur, tamburel···
원하다   트럼펫   말   북   탬버린

트럼펫 갖고 싶어, 말도, 북도, 탬버린도···

Voglio il cannon, voglio il frustin,··· dei soldati il drappel.
원하다   대포   원하다   채찍   군인들의   깃발

대포도 갖고 싶고, 채찍도, 군인들의 깃발도 갖고 싶어.

＊풀이 : 시대상황과 풍자가 아이들이 갖고 싶다고 말하는 품목 속에 나타나 있다.

SCHAUNARD Cervo arrosto!
쇼나르   사슴 로스트 구이

사슴 로스구이!

MARCELLO (esaminando la carta ed ordinando ad alta voce al cameriere)
마르첼로   (메뉴를 살펴보고 나서 웨이터에게 큰 목소리로 주문한다)

Un tacchino!
칠면조

칠면조!

SCHAUNARD Vin del Reno!
쇼나르   와인   레노의

레노산 와인!

＊풀이 : Reno 지역의 와인.

COLLINE Vin da tavola!
콜리네   와인   테이블용

테이블 와인 가져와요!

＊풀이 : 현대에서는 좀 다르지만, 테이블 와인은 흔히 질이 낮은 싼 와인을 뜻한다. 친구들에
비해 검소한 성격의 콜리네에 어울리는 대사다.

SCHAUNARD Aragosta senza crosta!
쇼나르　　　　　가재　　～없이　껍질

껍질 벗긴 가재요리!

(bambine e ragazzi, attorniato il carretto di Parpignol, gesticolano con gran vivacità;
un gruppo di mamme accorre in cerca dei ragazzi e, trovandoli intorno a Parpignol,
si mettono a sgridarli; l'una prende il figliolo per una mano, un'altra vuole condur via
la propria bambina, chi minaccia, chi sgrida, ma inutilmente, ché bambine e ragazzi
non vogliono andarsene)

(여자 아이들과 소년들은 파르피뇰의 수레를 둘러싸고는 매우 신나서 손짓하고 있다. 한 무리의
엄마들이 소년들을 찾으러 뛰어다니다가 그들을 파르피뇰의 주위에서 발견하자 소리치기 시작
한다. 한 엄마는 아들을 한 손으로 잡아 당기고, 다른 엄마는 딸 아이를 끌고 가려고 한다. 엄마들
은 협박도 해보고 소리도 질러보지만 소용이 없다. 여자 아이들과 소년들은 떠나고 싶어하지 않
는다)

MAMME (strillanti e minaccianti)
엄마들　　（소리지르며 협박조로）

Ah! razza di furfanti indemoniati, che   ci venite a fare
아　종자, 인종　악당의　　악귀가 들린　　무엇 (장소) 오다　　하러

in questo loco?
　　　이 장소에

아! 이런 악마 같은 악당녀석들, 대체 여기서 뭣들 하는 거야?

A casa, a letto! Via, brutti sguaiati, gli scappellotti   vi   parranno
집으로　침대로 저리가 못된　　무례한　　뒷통수 때리기 너희에게 ～인 것 같다

poco!
조금

집으로 돌아가, 어서 가서 자! 이런 못돼 먹은 버르장머리 없는 것들, 뒷통수 몇 대로
는 성에 안 차지!

A casa, a letto, razza di furfanti, a letto!
집으로　침대로 종자, 인종　악당의　　침대로

어서 집으로 가, 침대로, 악당녀석들, 어서 가서 자!

(una mamma prende per un orecchio un ragazzo il quale si mette a piagnucolare)

(한 엄마가 어린 소년의 귀를 잡아당기자 소년이 울기 시작한다)

UN RAGAZZO (piagnucolando)
한 소년　　　 (징징거리며)

Vo' la tromba, il cavallin!…
원하다　트럼펫　　　말

트럼펫과 말 갖고 싶어…!

(le mamme, intenerite, si decidono a comperare da Parpignol, i ragazzi saltano di
gioia, impossessandosi dei giocattoli. Parpignol prende giù per via Commedia. I ra-
gazzi e le bambine allegramente lo seguono, marciando e fingendo di suonare gli
strumenti infantili acquistati loro)

(마음이 약해진 엄마들은 파르피뇰에게서 장난감을 사주고, 소년들은 장난감들을 가지게 된 기
쁨에 깡총깡총 뛴다. 파르피뇰은 콤메디아 거리로 내려간다. 소년들과 여자 아이들은 신나서 발
을 구르고 구입한 어린이용 악기로 연주하는 척하면서 그를 따라간다)

RODOLFO E 　tu,　Mimì,　che　vuoi?
로돌포　 그리고　당신　미미　무엇　원하다

미미, 뭐 먹을래?

MIMÌ La crema.
미미　 크림

크림으로 할게.

(con somma importanza al cameriere, che prende nota di quanto gli viene ordinato)
(웨이터에게 가장 중요한 것은, 그들이 얼마나 많이 주문했는지 기록하는 것이다)

＊**연출 노트** : 배가 찰 만한 음식이 아닌 크림을 주문하다니. 첫 데이트에 내숭 떠는 미미의 모
습을 보여주면 좋겠다. 친구들을 의식하면서 여성스럽고 아름다운 자신의 모습을 즐기고 있
는 미미를 표현해 보자.

SCHAUNARD E gran sfarzo.　 C'è una dama!
쇼나르　　　 큰　허식, 허영　 있다　한　귀부인

허영덩어리구만. 귀부인이 납셨어!

＊**연출 노트** : 이 말을 대놓고 했을 리 없지 않은가? 보통 쇼나르는 콜리네와 호흡을 맞추기 때
문에 콜리네에게 귓속말 하듯 이야기해 보자.

BAMBINE E RAGAZZI Viva Parpignol, Parpignol!
여자 아이들과 소년들   만세   파르피뇰   파르피뇰

파르피뇰 만세, 파르피뇰!

(interno)
(안쪽에서)

Il tambur! Tamburel!
      북   탬버린

북! 탬버린!

(più lontano)
(더 멀리서)

Dei soldati il drappel!
군인들의   (삼각)깃발

군인들의 깃발!

MARCELLO (come continuando il discorso)
마르첼로   (이야기를 계속 이어가면서)

Signorina Mimì, che dono raro   le ha fatto il suo Rodolfo?
아가씨   미미   무슨 선물 드문   당신에게 하다   당신의   로돌포

미미 양, 당신의 로돌포가 그대에게 어떤 귀한 선물을 했나요?

MIMÌ (mostrando una cuffietta che toglie da un involto)
미미   (포장지에서 본네트를 꺼내서 보여주면서)

Una cuffietta a pizzi, tutta rosa, ricamata; coi miei capelli bruni ben
본네트   레이스의 전부 분홍색 수놓여진 ~와 나의 머리카락 갈색의   잘

si fonde.
어울리다

레이스 달린 본네트요, 전부 분홍색에 수가 놓아져 있죠. 제 갈색머리랑 잘 어울려요.

Da tanto tempo tal cuffietta è cosa desiata!…
정말 오래전부터 그런 본네트는 이다 물건   열망한

정말 오래 전부터 이런 본네트를 얼마나 가지고 싶었는지 몰라요!…

Egli ha letto quel che il core asconde…
그는 읽다 그것 마음이 숨기다

그는 내 마음속에 숨겨진 걸 읽은 거죠…

Ora colui che legge dentro a un cuore sa l'amore ed è… lettore.
이제 그 읽는 안에 한 마음의 알다 사랑 그리고 이다 읽는 사람

마음속에 있는 걸 읽을 줄 아는 그는 이제 사랑도 알아요. 그리고 그는 낭독가죠.

* **연출 노트** : 남자를 기쁘게 해줄 줄 아는 미미는 연애의 고수이다. 친구들에게 이야기하고 있는 도중에도 로돌포에게 시선을 주는 것을 잊지 말자. 마음속에 있는 것을 읽을 줄 아는 로돌포에게 시선을 줬다가 친구들을 바라봤다가 다시 낭독가라고 말하는 마지막 순간을, 오롯이 사랑에 빠진 눈으로 로돌포를 바라보면 어떻겠는가?

SCHAUNARD Esperto professore…
쇼나르 전문적인 교수, 선생

경험 많은 교수님이지…

* **연출 노트** : 놀랄 일도 아니다. 로돌포는 시인답게 언어의 연금술사이다. 여자를 꼬시는 능력은 이미 친구들도 잘 알고 있는 것. '아~ 당연하죠. 그는 연애박사니까~'라는 느낌으로 놀려보자.

COLLINE (seguitando l'idea di Schaunard)
콜리네 (쇼나르의 말을 이어서)

…che ha già diplomi e non son armi prime le sue
가지고 있다 이미 졸업장, 디플로마 그리고 아니다 무기 첫 번째 그의

rime…
운율

이미 학위도 여러 개 가지고 있다구. 그의 운율들은 그의 주무기가 아니랍니다.

* **연출 노트** : 한 술 더뜨는 콜리네. 도대체 이 친구들은 이 연애를 도와줄 생각이 없다. 로돌포가 써먹는 멋진 말들은 그가 연애할 때 사용하는 주무기가 아니니 그보다 더 대단한 것도 있다는 이야기를 하는 것이다. 미미를 향해 뭔가 대단한 이야기를 하듯 말하면 재미있지 않겠는가?

SCHAUNARD (interrompendo)
쇼나르 (끼어들면서)

···tanto che sembra   ver ciò ch'egli esprime!···
~만큼 ~한   ~인 것 같다 진짜 그것   그가 표현하다

어쨌든 그가 말하는 것들이 진짜 같아 보이긴 해!···

* **연출 노트** : 로돌포를 신나게 놀리지만 쇼나르나 콜리네는 적대감을 보이지는 않는다.

MARCELLO (guardando Mimì)
마르첼로   (미미를 바라보며)

O bella   età d'inganni e d'utopie!
오 아름다운 시대, 나이 기만, 속임 그리고 유토피아

오, 유토피아와 기만의 아름다운 시절이여!

* **풀이** : 우리 말로는 흔히 '좋을 때'라는 의미로, 사랑은 유토피아를 맛보는 듯하지만 기만하기도 한다는 말로 자신의 상처입은 사랑을 이야기하고 있다. 무제타에게 입은 상처가 떠올라 기분이 안 좋은 상태이다.

Si crede, spera,   e tutto bello   appare!
믿다   희망하다 그리고 전부 아름다운 나타나다, 보이다

믿고, 바라고, 그리고 전부 멋져 보이지!

RODOLFO La più divina delle poesie è quella, amico, che c'insegna
로돌포   가장 성스러운   시들 중에   이다 그것   친구   우리를 가르치다

amare!
사랑하다

시들의 가장 성스런 부분은 바로 그거지! 이봐 친구, 그런 것들이 우리에게 사랑하는 법을 가르치는 거라구!

MIMÌ Amare   è   dolce ancora più del miele···
미미 사랑하기 이다 달콤한 ~보다 더   꿀보다

사랑은 꿀보다도 더 달아요.

MARCELLO (stizzito)
마르첼로   (화가 나서)

···secondo il palato   è miele, o   fiele!···
~에 따르면   입 천장 이다 꿀 또는 쓸개즙, 고통

입에는 꿀이지, 아님 쓸개즙이거나!···

MIMÌ (sorpresa, a Rodolfo)
미미 (놀라서 로돌포에게)

O dio!··· l'ho offeso!
이런, 세상에 그를 화나게 하다

세상에!··· 내가 그를 화나게 했어요!

RODOLFO È in lutto, o mia Mimì.
로돌포 있다 슬픔 속에 오 나의 미미

그는 깊은 슬픔에 빠져 있는 거야. 오 나의 미미.

* **연출 노트** : Luto는 매우 깊은 슬픔을 뜻한다. 걱정말라는 듯이 달래며 대수롭지 않듯 이야기
한다. 약간은 마르첼로를 놀리는 투로 이야기해 보자.

SCHAUNARD E COLLINE
쇼나르와 콜리네

(per cambiare discorso)
(화제를 돌리기 위해서)

Allegri, e un toast!···
기쁜, 즐거운 그리고 건배

웃자구, 자자 건배!···

MARCELLO (al cameriere)
마르첼로 (웨이터에게)

Qua del liquor!···
여기 술

여기 술!···

MIMÌ, RODOLFO E MARCELLO (alzandosi)
미미, 로돌포와 마르첼로 (일어나면서)

E via i pensier, alti i bicchier! Beviam!
그리고 치우다 근심들 높은 잔들 마시다

근심은 다 잊고, 잔을 높이 들자구! 마시자!

(all'angolo di via Mazzarino appare una bellissima signora dal fare civettuolo ed alle-
gro, dal sorriso provocante. Le vien dietro un signore pomposo, pieno di pretensio-
ne negli abiti, nei modi, nella persona)

(마짜리노 거리의 코너에 도발적인 미소를 띤, 활기차고 유혹적인 몸짓의 아름다운 아가씨가 등
장한다. 그녀 뒤로는 잘 차려입은 신사가 한 명 따르는데, 그의 행동과 복장과 인상에 허영이 가
득 차 있다)

TUTTI Beviam!
모두   마시자

마시자!

MARCELLO (interrompendo, perché ha veduto da lontano Musetta)
마르첼로   (멀리 보이는 무제타를 본 후, 말을 자르면서)

Ch'io beva del tossico!
나   마시다 독의, 독있는

내가 마시는 건 독약이겠지!

(si lascia cadere sulla sedia)
(의자에 털썩 주저 앉는다)

RODOLFO, SCHAUNARD E COLLINE (con sorpresa, vedendo Musetta)
로돌포,   쇼나르와   콜리네   (놀라서 무제타를 바라보며)

Oh!
오!

MARCELLO Essa!
마르첼로   그녀

그녀야!

RODOLFO, SCHAUNARD E COLLINE
로돌포,   쇼나르와   콜리네

Musetta!
무제타!

BOTTEGAIE (vedendo Musetta)
상점 여주인들 (무제타를 보면서)

To'! ~ Lei! ~ Sì! ~ To'! ~ Lei! ~ Musetta!
감탄사   그녀 응, 그래 감탄사   그녀   무제타

아이쿠!~ 그녀다! 그래!~ 저런!~ 그녀야! ~ 무제타!

Siamo in auge! ~ Che   toeletta!
이다 정점에, 절정에 감탄 화장, 몸단장, 복장

끝내주는군! 저 꾸민 것 좀 봐!

＊**essere in auge** : 영광이 절정에 다다르다, 평판이 자자하다. 유행이다.

ALCINDORO (trafelato)
알친도로   (헐떡거리며)

Come un facchino…
 ~처럼   짐꾼

짐꾼마냥…

correr di qua… di là…
뛰다 여기로   저기로

이리 뛰고, 저리 뛰고…

No! No! non ci sta…
아니 아니   불가하다

안 돼, 말도 안 돼…

non ne posso più!
(부정) ~대해 할 수 있다 더 이상

더 이상은 못해!

(con passi rapidi, guardando qua e là come in cerca di qualcuno, mentre Alcindoro
la segue, sbuffando e stizzito)

(알친도로가 빠른 걸음으로 무제타를 뒤따르면서, 헐떡거리며 화가 나서는 누군가를 찾는 것처
럼 여기저기 보면서)

＊**연출 노트** : 1막에서는 베누아, 2막에서는 알친도로가 코믹적인 요소이다. 관객에게 웃음을
주기 위해 최선을 다 한다면 매우 매력적인 역할이 될 수 있다. 늙은 알친도로는 지칠 대로
지치고 숨도 턱에 찼다. 그리고 무제타의 변덕 때문에 인내심의 한계에 다다랐다. 스스로 더

이상은 안 된다고 화가 난 심정을 단호하게 말해보자.

MUSETTA (chiamandolo come un cagnolino)
무제타   (강아지를 부르는 것처럼 그를 부르며)

  Vien, Lulù!
    오다   룰루

  룰루, 이리 와!

  ***풀이** : 강아지를 부르듯 부르려고 무제타가 멋대로 붙여준 이름.

  Vien, Lulù!
    오다   룰루

  룰루, 이리 와!

SCHAUNARD Quel brutto coso   mi   par   che sudi!
쇼나르   저   못생긴 물건, 것 나에게 ~인 것 같다   땀흘리다

  저 추한 인간 땀흘리는 것 같은데?!

  (Musetta vede la tavolata degli amici innanzi al Caffè Momus ed indica ad Alcindoro
  di sedersi al tavolo lasciato libero poco prima dai borghesi)

  (무제타는 카페 모무스 앞에 친구들이 앉아 있는 테이블을 본다. 그리고 알친도로에게 조금 전
  신사들이 남기고 간 빈자리를 가리킨다)

ALCINDORO (a Musetta)
알친도로   (무제타에게)

  Come! qui fuori?
  어째서   여기 밖

  뭐! 여기 밖에서?

  Qui?
  여기

  여기에?

  ***연출 노트** : 어이가 없다. 아무래도 늙은 알친도로는 젊은 사람들이 좋아하는 바깥의 자리에
  앉는 것이 춥기도 하고 불편하다. 그리고 젊고 유명한 무제타를 데리고 보란 듯이 공개적인
  자리에 앉는 것도 불편하지 않겠는가. '뭐? 뭐라고? 여기 앉자고?'

MUSETTA Siedi, Lulù!
무제타   앉다   룰루

앉아, 룰루!

* **연출 노트** : 돈 때문에 그와 함께 있을 뿐인 무제타는 이 늙은이가 영 못마땅하다. 크리스마스 이브에 이렇게 젊고 멋진 남자들이 길에 나와 있고, 모두가 자신을 바라보는데, 이런 늙은이와 함께 한다니! 그가 한마디라도 할 성 싶으면 짜증이 확! 밀려온다. 자, 그럼 안하무인에 허영심이 가득한 성격의 무제타를 연기할 준비가 되어 있는가?

ALCINDORO (siede irritato, alzando il bavero del suo pastrano e borbottando)
알친도로   (외투의 깃을 세우고 단추를 풀면서 화가 나서 앉는다)

Tali nomignoli, prego, serbateli al tu per tu!
그러한   별명   부탁하다 보관하다 너에게 너를 위해

그딴 별명은 제발 넣어둬.

* **al tu per tu** : 전부 너를 위해(=tutto per te)

(un cameriere si avvicina e prepara la tavola)
(한 웨이터가 다가와서 테이블을 준비한다)

MUSETTA   Non farmi l Barbablù!
무제타   나에게 하지 않다   푸른 수염

나한테 푸른수염처럼 행동하지 마!

* **풀이** : 1697년에 발간된 샤를 페로의 동화로, 주인공의 이름은 푸른수염(barbablù)이다. 그는 폭력적인 남편이며, 아내들을 맞아들일 때마다 죽인다. 이 푸른수염이라는 이름은 유럽에서 연쇄살인범을 나타낼 때 사용되기도 하였다.

(siede anch'essa al tavolo rivolta verso il caffè)
(그녀도 카페를 향해 몸을 돌려 자리에 앉는다)

COLLINE (esaminando il vecchio)
콜리네   (늙은이를 유심히 살피며)

È   il vizio contegnoso..
이다 나쁜 버릇   융통성 없는

참~ 융통성 없는 악취미를 가졌군.

MARCELLO (con disprezzo)
마르첼로   (경멸적으로)

  Co' la casta   Susanna!
   ~로   특권계급 수잔나(정숙한 여인을 상징하는 이름)

  허! 정숙한 귀부인 행세까지!

MIMÌ (a Rodolfo)
미미   (로돌포에게)

  È   pur ben vestita!
   이다 게다가 잘 옷을 입다

  옷도 정말 잘 차려 입었군요!

RODOLFO Gli angeli vanno nudi.
로돌포   천사들   가다 벌거벗은

  천사들은 벌거벗고 다니지.

MIMÌ (con curiosità)
미미   (궁금해서)

  La   conosci! Chi   è?
   그녀를 알다   누구 이다

  그녀를 아는군요! 누구예요?

MARCELLO (a Mimì)
마르첼로   (미미에게)

  Domandatelo a me.
   물어보다(그것을) 나 에게

  나한테 물어봐요.

Insieme (함께)

MARCELLO Il suo nome è Musetta;
마르첼로   그의 이름은 이다 무제타

그녀의 이름은 무제타지요.

cognome: Tentazione!
성   유혹

성은 '유혹'이고!

Per   sua   vocazione
~위해 그녀의 부르심, 천직

천직을 살리고자,

fa la rosa dei venti;
하다 장미   20명의

수많은 남자들의 연인행세를 하죠.

* **la rosa** : '장미를 한다'는 표현은 애인, 연인이 된다는 뜻이다. 장미는 로맨틱한 사랑, 에로틱한 사랑 등을 상징하기도 한다. 많은 남자들을 위한 장미라는 표현은 헤픈 여자를 나타낼 때 자주 사용하는 표현이다.

gira   e muta soventi   e d'amanti e d'amore.
돌아다니다 그리고 바꾸다 자주, 종종 그리고 애인들 그리고 사랑의

여기저기 다니며 자주 애인과 사랑을 바꿔치우죠.

E   come   la civetta   è uccello sanguinario;
그리고 처럼, ~로써 교태부리는 여자 이다 새   잔인한, 유혈을 좋아하는

교태를 부리며 유혹하는 그녀는 잔인한 새;

il suo cibo ordinario è il cuore…
그녀의 음식 일상적인 이다 심장

그녀의 주식은 심장이지…

Mangia il cuore!…
먹다   심장을

심장을 먹는다구!…

Per questo io   non ne ho più…
이 것 때문에 나 더 이상 그것을 가지고 있지 않다

그래서 나도 심장이 없지…

Passatemi il ragù!
나에게 건네다   라구

라구나 건네줘 봐!

*Ragù : 고기를 넣어 만든 토마토소스를 넣은 파스타.

*연출 노트 : 마르첼로는 그녀를 신경쓰지 않는 척하며 눈길도 주지 않고 화를 내며 말하고 있
다. 생각해 보라. 심장을 잡아먹은 옛 여인이 눈앞에 나타났다. 제멋대로인 그녀에게 아직
앙금이 남아 있지만, 그녀는 여전히 그의 심장에 불을 붙이는 신경쓰이는 존재이다.

MUSETTA (colpita nel vedere che gli amici non la guardano)
무제타   (마르첼로와 친구들이 그녀를 바라보지 않으니 화가 나서)

(Marcello mi vide…
  마르첼로   나를 보다

마르첼로는 분명 나를 봤는데…

Non mi guarda, il vile!
않다 나를 바라보다   겁쟁이

안 쳐다 보네, 겁쟁이!

(sempre più stizzita)
(점점 더 화가 나서는)

*연출 노트 : '아니, 감히 이 무제타님에게 눈길도 주지 않다니!' 마르첼로의 마음을 뒤흔들어
놓고 싶어 안달 난 그녀는 사실 자신이 마르첼로에게 사로잡혀 있기에 화가 난다.

Quel Schaunard che ride!
  저   쇼나르   웃는

저 쇼나르 웃는 거 봐!

*연출 노트 : 쇼나르는 유독 다른 친구들보다 좀 더 장난스럽고 왠지 얄미운 캐릭터이다. 그것
을 아는 무제타가 얄미워 죽겠다는 듯한 표정이라면?

Mi fan tutti una bile!
나를 하다 모두   분노

모두 나를 열받게 하네!

Se   potessi picchiar,
만약 ~수 있다면   때리다

만일 때려줄 수만 있다면,

se   potessi graffiar!
만약   ~수 있다면   할퀴다

확 할퀴어줄 수만 있다면!

* **연출 노트** : 무제타는 약이 오를만큼 올랐다. '꺄아악! 못 견디겠군! 확 할퀴고 싶네!'

Ma   non ho   sottomano che questo pellican!
하지만 가지고 있지 않다   손에   ~외에   이것   펠리컨

하지만 내가 가진 건 이 펠리컨뿐이군!

* 펠리컨은 부리 밑에 주머니가 달려서 음식을 저장한다. 그 늘어진 모양을 이 늙은 신사의 늘 어진 턱에 비유해서 펠리컨이라고 말하는 것.

Aspetta!
기다리다

아, 잠깐!

(gridando)
(소리지르며)

Ehi! Camerier!
여어   웨이터

여기! 웨이터!

MUSETTA (il cameriere accorre: Musetta prende un piatto e lo fiuta)
무제타   (웨이터가 급히 오자, 무제타가 접시를 하나 들어 냄새를 맡으며)

Cameriere! Questo piatto ha una puzza di rifritto!
웨이터   이   접시   냄새가 나다   튀긴음식의

웨이터! 이 접시에서 기름 냄새가 나잖아!

(getta il piatto a terra con forza, il cameriere si affretta a raccogliere i cocci)
(접시를 바닥에 세게 집어던지고, 웨이터는 파편을 급히 치운다)

ALCINDORO (frenandola)
알친도로   (무제타를 말리며)

No,　Musetta… zitto,　zitto!
아니다　무제타　　조용히　조용히

하지마 무제타… 조용히 해, 조용히!

MUSETTA　(vedendo che Marcello non si volta)
무제타　　(마르첼로가 여전히 돌아보지 않는 것을 보며)

(Non　si　volta.)
~않다　몸을 돌리다

(돌아보지도 않는군.)

ALCINDORO　(con comica disperazione)
알친도로　　(우스꽝스러운 절망감을 보이며)

Zitto!　zitto!　zitto!
조용히　조용히　조용히

조용! 조용! 조용!

Modi,　　garbo!
관례, 태도　우아, 기품

품위 있게!

MUSETTA　(Ah, non si volta!)
무제타　　아　몸을 돌리지 않다

(아, 안 쳐다봐?)

ALCINDORO　A　chi　parli?…
알친도로　~에게　누구　말하다

누구에게 말하는 거야?

COLLINE　Questo pollo　è　un poema!
콜리네　　이　닭, 치킨　이다　　운문

이 닭은 시적이군!

MUSETTA　(rabbiosa)
무제타　　(화가 나서)

(Ora lo batto, lo batto!)
　지금　그를 치다　그를 치다

(그를 때려줄 테다, 때려주겠어!)

* **연출 노트** : 혼잣말하며 부들부들. 관객이 무제타의 한참 약이 오른 기분을 느끼게 해보자.

ALCINDORO Con chi parli?…
알친도로　~와　누구　말하다

누구랑 얘기하는 거야, 대체?…

* **연출 노트** : 도대체 자기는 안중에도 없고 누구랑 얘기하는지 계속 혼잣말로 중얼거리는 무제타가 못마땅하다.

SCHAUNARD Il vino è   prelibato.
쇼나르　　와인　이다　훌륭한, 근사한

와인이 탁월하구만.

MUSETTA (seccata)
무제타　　(짜증나서)

Al cameriere!
~에게　웨이터

웨이터에게 말하는 거야!

Voglio fare il mio piacere…
원하다　하다　나의　기쁨, 즐거움

내가 하고 싶은 대로 할 거야…

Non   seccar!
~않다 성가시게 굴다

짜증나게 하지 마!

ALCINDORO Parla   pian
알친도로　　말하다　천천히, 조용히

조용히 말하도록 해.

parla   pian!
말하다 천천히, 조용히

조용히 좀 말하라구!

(prende la nota del cameriere e si mette ad ordinare la cena)

(웨이터의 메뉴판을 집어들고 저녁 식사를 주문하려고 한다)

MUSETTA　…vo'　far　quel　che mi pare!
무제타　　~하고 싶다 그것을   내가 원하는

내가 하고 싶은 대로 할 거야!

Non　　　　seccar.
~않다 귀찮게 굴다, 성가시게 하다

귀찮게 하지 마.

*연출 노트 : 자, 마르첼로의 행동 때문에 화가 머리끝까지 난 무제타. 매우 코믹한 장면이다.
웃으면서 조롱하듯 얘기하다가 마지막에 모든 짜증을 알친도로에게 다 털어놓아 보자.

SARTINE　(attraversando la scena, si arrestano un momento vedendo Musetta)
여재봉사들 (무대를 가로질러 가다가, 무제타를 보고는 잠시 멈춘다)

Guarda, guarda chi si vede, proprio lei, Musetta!
　보다　　　보다　누구 보이다　바로, 그　그녀　무제타

봐봐, 저기 봐. 그녀가 보인다. 맞지 그녀야, 무제타!

STUDENTI　(attraversando la scena)
학생들　　(무대를 가로지르며)

Con quel vecchio che balbetta…
~와　저　늙은이　　말더듬는

저 말 더듬는 늙은이랑…

SARTINE E STUDENTI　..proprio lei, Musetta!
여재봉사들과 학생들　　　바로, 그　그녀　무제타

바로 그녀라구, 무제타!

(ridendo)

(웃으며)

Ah, ah, ah, ah!
하, 하, 하, 하!

MUSETTA (Che sia geloso di questa mummia?)
무제타   뭐가 이다 질투하는 ~에게 이   미이라

(이 미이라한테 질투할 리가 있겠어?)

＊풀이 : 미이라는 알친도로를 가리킨다. 마르첼로가 늙은 신사에게 질투할 리가 없다.

ALCINDORO (interrompendo le sue ordinazioni, per calmare Musetta che continua ad
알친도로   agitarsi)

(계속해서 흥분하는 무제타를 진정시키기 위해서 그녀의 말을 가로막는다)

La convenienza…
예의 바름, 적절함, 예절

교양 좀…

il grado… la virtù..
계층, 지위   미덕, 선행

지위… 품행…

MUSETTA (…vediam se mi resta tanto poter su lui da farlo cedere!)
무제타   보다 만약 나에게 남는다 많은 힘, 권력 위에 그 하도록   항복하다

(그를 항복시킬 능력이 아직 나에게 남아 있는지 보자구…!)

SCHAUNARD La commedia è   stupenda!
쇼나르   코미디, 희극 이다 훌륭한, 근사한

이 코미디(희극)는 정말 끝내주는데!

＊**연출 노트** : 쇼나르는 이 너무도 웃기고 흥미진진한 코미디를 즐기고 있다.

MUSETTA (guardando Marcello, a voce alta)
무제타   (마르첼로를 보며 큰소리로)

Tu non mi guardi!
너 ~않다 나를 바라보다

나에게 눈길도 안 준다 이거지!

ALCINDORO (credendo che Musetta gli abbia rivolto la parola, se ne compiace e le rispon-
알친도로 de gravemente)

(무제타가 자기한테 말을 한 줄 알고 기뻐하며, 그녀에게 중후하게 대답한다)

Vedi bene che ordino!…
보다 잘 주문하다

잘 봐, 지금 주문하잖아!…

＊**연출 노트** : 흠흠, 체면이 있는데 마냥 좋아할 수는 없지. 멋진 신사의 모습을 보여줘야지.

SCHAUNARD La commedia è stupenda!
쇼나르 코미디, 희극 이다 훌륭한, 근사한

이 코미디(희극) 정말 끝내준다구!

＊**연출 노트** : 배꼽 잡고 쓰러지기 직전이다. 무제타는 안달이 나 있고, 알친도로는 착각하고 있다.

COLLINE Stupenda!
콜리네 훌륭한, 근사한

끝내주네!

＊**연출 노트** : 콜리네까지 가세해서 이 코미디를 즐긴다. 너무 재밌다는 듯이 표현하자.

RODOLFO (a Mimì)
로돌포 (미미에게)

Sappi per tuo governo
알다 위해서 너의 정부, 통치, 관리

너의 통치자를 위해 알아두도록 해.

che non darei perdono in sempiterno.
~라는 것을 ~않다 주다 용서 영원히

만일 나라면 영원히 너를 용서하지 않을 거야.

＊**연출 노트** : 짐짓 심각하게 미미를 바라보며 말해보자. 너의 통치자인 나에게 무제타처럼 군다면 나는 용서할 수 없을 거야. 여기서 통치자라고 말한 것은 연인 사이에서 애정적 표현으로 받아들여야 한다. 섬겨야 하는 '지아비' 정도의 의미로 알아두면 되겠다.

SCHAUNARD Essa all'un parla perché l'altro intenda.
쇼나르 그녀 한 사람에게 말하다 ~하도록 다른 사람 말을 알아듣다

그녀가 다른 놈 알아들으라고 옆 놈에게 말하는구만.

＊**풀이** : '다른 놈'은 마르첼로를, '옆 놈'은 알친도로를 말한다.

MIMÌ (a Rodolfo)
미미 (로돌포에게)

Io t'amo tanto, e son tutta tua!…
나는 너를 사랑하다 많이 그리고 이다 전부 당신의 것

당신을 사랑해, 그리고 난 완전히 자기 것인 걸!…

Ché mi parli di perdono?
왜 나에게 말하다 용서에 대해서

나에게 용서에 대해서 말할 이유가 뭐가 있어요?

＊**연출 노트** : '난 당신뿐이에요. 당신을 실망시키지 않을 텐데, 그런 걱정은 왜 하나요?' 로돌포의 기우를 부드럽게 잠재우는 미미. 질투하는 로돌포를 능숙히 다루는 미미를 표현해 보자.

COLLINE (a Schaunard)
콜리네 (쇼나르)

E l'altro invan crudel…
그리고 다른 헛되게 매몰찬

그리고 다른 놈은 쓸데없이 매몰차지…

finge di non capir, ma sugge miel!…
~인 척하다 이해 못하다 하지만 홀짝홀짝 마시다 꿀

못 알아듣는 척하지만, 단맛을 쪽쪽 빨고 있다고!…

＊**연출 노트** : 콜리네는 마르첼로를 두고 이야기하고 있다. 무제타가 알친도로에게 이야기하는 척하면서 마르첼로가 들을 수 있도록 이야기한다. 하지만 마르첼로는 못들는 척 태연하게 행동하고, 그녀의 그런 애닳음을 즐기고 있다고 일침하는 것이다. 그러니 콜리네는 쇼나르에게 이 이야기를 하면서 마르첼로를 가리키거나 들으라는 듯한 제스처를 취해 보자.

MUSETTA (come sopra)
무제타 (위처럼)

Ma il tuo cuore   martella!
그러나 너의   심장 (망치로) 치다, 두드리다

네 심장은 요동치지!

ALCINDORO Parla   piano.
알친도로   말하다 천천히, 조용히

조용히 좀 말하라구.

MUSETTA Quando me n' vo soletta per la via,
무제타   때   가다   혼자서   길을

내가 혼자 거리를 걸을 때면,

la gente sosta   e   mira
사람들 멈추다 그리고 바라보다, 응시하다

사람들은 멈춰서서 나를 넋 놓아 바라보고,

e   la bellezza mia tutta ricerca in me da capo a piè···
그리고 아름다움 나의 전부 탐색하다 내 안에 머리부터 발 끝까지

머리부터 발끝까지 넘쳐 흐르는 미모를 탐색하지.

(sempre seduta dirigendosi intenzionalmente a Marcello, il quale comincia ad agitarsi)

(무제타는 일부러 흥분하기 시작한 마르첼로 쪽으로 몸을 돌려 앉는다)

MARCELLO (agli amici, con voce soffocata)
마르첼로   (친구들에게, 숨막히는 목소리로)

Legatemi   alla seggiola!
날 묶다   의자에

제발 나를 의자에 묶어줘!

ALCINDORO (sulle spine)
알친도로   (곤두서서)

Quella gente che dirà?
저   사람들 무엇 말하다

사람들이 대체 뭐라고 하겠어?

MUSETTA ···ed assaporo allor la bramosia sottil, che da gli occhi
무제타   그리고 맛보다 자, 그럼   열망, 갈망 옅은   ~부터   눈

traspira
땀이 나다. 수분을 발산하다

그리고 난 그 눈들로부터 흘러나오는 희미한 갈망을 맛보고,

e   dai palesi vezzi intender sa alle   occulte   beltà.
그리고 명백한 태도   느끼다 알다 신비스러운, 숨겨진 아름다움

내 숨겨진 미에 취한 그 넋나간 모습을 즐기지.

＊풀이 : '명백한 태도'는 자신의 미모를 바라보고 넋을 잃은 남자들의 모습을 이야기하는 것으로, '자신에게 반한 것이 분명한 그 모습'을 의미한다. 특히 이 문장은 이탈리아 사람들도 쉽게 이해할 수 없을 정도로 난해한 것이어서, 이해를 돕기 위해 완전히 의역하였다.

Così l'effluvio del desìo tutta   m'aggira,   felice mi fa!
이렇게   향기   욕망의   모두 나를 빙글빙글 돌다 행복한

이렇게 욕망의 향기가 나를 온통 에워싸고, 나를 행복하게 하네!

ALCINDORO (si avvicina a Musetta, cercando di farla tacere)
알친도로   (그녀의 입을 막으려고 무제타에게 다가간다)

(Quel canto   scurrile   mi   muove   la bile!)
   그   노래 말을 함부로 하는 나를 움직이게 하다 노여움을

(제멋대로 떠드는 노래가 날 화나게 하는군!)

Insieme (함께)

MUSETTA E   tu che sai, che memori e ti struggi da me tanto
무제타   그리고 너는 뭘 알다 무슨 기억하다 그리고 괴롭다 나에게서 많이

rifuggi?
도망치다

너는 알지, 기억하지, 그리고 넌 괴로워 죽겠지… 나에게서 도망치겠다고?

So ben: le angoscie tue non   le   vuoi dir,
알다 잘 고뇌, 호흡곤란 너의 ~않다 그것들을 말하길 원하다

나는 네가 말하고 싶지 않아 하는 너의 그 괴로움을 아주 잘 알아,

ma   ti senti morir!
하지만 느끼다   죽다

마치 죽을 것 같겠지!

MIMÌ (a Rodolfo)
미미   (로돌포에게)

Io   vedo ben···
나는   보다 잘

나는 잘 보여요··· (난 다 보여요···)

che quella poveretta,
        저   불쌍한(여자)

저 딱한 여자가,

tutta invaghita di Marcel, tutta invaghita ell'è!
완전히   반했다   마르첼로에게 완전히   반했다 그녀는 이다

마르첼로에게 홀딱 반해 있는게, 그녀는 완전히 사랑에 빠져 있어요!

(Schaunard e Colline si alzano e si portano da un lato, osservando la scena con cu-
riosità, mentre Rodolfo e Mimì rimangon soli, seduti, parlandosi con tenerezza. Mar-
cello, sempre più nervoso ha lasciato il suo posto, vorrebbe andarsene, ma non sa
resistere alla voce di Musetta)

(쇼나르와 콜리네는 벌어지는 일이 궁금해서 구경하려고 일어나서 한 쪽으로 간다. 반면 둘만 남
겨진 로돌포와 미미는 앉아서 달콤하게 이야기를 주고 받고 있다. 마르첼로는 점점 더 흥분되어
자리를 박차고 일어난다. 그냥 나가버리고 싶지만 무제타의 목소리에 저항할 수 없다)

ALCINDORO Quella gente   che   dirà?
알친도로   저   사람들 무엇을   말하다

사람들이 대체 뭐라고 하겠어?

RODOLFO (a Mimì)
로돌포   (미미에게)

Marcello un dì   l'amò.
마르첼로   어느 날 그녀를 사랑하다

마르첼로는 어느 날 그녀와 사랑에 빠졌지.

SCHAUNARD Ah, Marcello cederà!
쇼나르　　　　아　마르첼로　항복하다

아, 마르첼로가 항복하겠구만!

MUSETTA Chi sa mai quel che avverrà!
무제타　　누가　알다　전혀　그것　　일어나다

무슨 일이 일어날지 누가 알겠어?

RODOLFO (a Mimì)
로돌포　　　(미미에게)

La fraschetta l'abbandonò per poi   darsi   a miglior vita.
변덕부리는 여자　　그를 버리다　～하려고 스스로를 주다 더 나은　삶

저 변덕쟁이 여자가 더 잘 살아 보겠다고 그를 차버렸지.

(Alcindoro tenta inutilmente di persuadere Musetta a riprendere posto alla tavola, ove la cena è già pronta)

(알친도로는 무제타를 이미 저녁 식사가 차려진 테이블에 앉도록 설득하려고 애써보지만 소용 없다)

SCHAUNARD Trovan dolce al pari il laccio…
쇼나르　　　　발견하다　달콤한　동등하게　올가미

둘다 덫을 달콤하게 느끼는구만…

COLLINE Santi numi, in simil briga…
콜리네　　거룩한 이름들　비슷한　복잡한 일, 분쟁

이런 세상에! 저 상황은…

＊풀이 : 이런 세상에! 어머나! 같은 감탄사들은 매우 다양하며, Dio santo! O mio dio!, Santi numi!(오래된 표현), Mamma mia! Madonna santa! 등 외에도 수많은 표현들이 있다.

SCHAUNARD …chi lo tende e chi ci dà.
쇼나르　　　　누구　그것 펼치다 그리고 누구 그것을 주다

누구는 덫을 치고, 누구는 그 덫에 걸리는 거지.

COLLINE …mai Colline   intopperà!
콜리네 절대 콜리네 직면하다, 충돌하다

콜리네는 절대 걸려들지 않을 거야!

ALCINDORO Parla pian! Zitta, zitta!
알친도로 말하다 조용히 조용한 조용한

좀 작게 말해! 조용! 조용히!

Insieme (함께)

MUSETTA (Ah! Marcello   smania,   Marcello è vinto!
무제타 아 마르첼로 신경이 곤두서다 마르첼로   졌다

(아! 마르첼로가 긴장했네, 마르첼로는 졌다구!

So ben le angoscie tue non le   vuoi   dir.
알다 잘 고뇌, 고민 너의 ~않다 그것들을 원하다 말하다

난 네가 불안해하고 있는 걸 잘 알아. 넌 아닌 척하지만.

Ah! ma ti senti morir.)
아 하지만 느끼다 죽다

아! 하지만 죽을 것 같겠지.)

(ad Alcindoro, ribellandosi)

(알친도로에게, 반항하며)

Io voglio fare il mio piacere!
나 원하다 하다 나의 기쁨

난 내가 하고 싶은 대로 할 거야!

Voglio far quel che mi par, non seccar!   non seccar!
원하다 하다 그것 내가 원하다 짜증나게 굴지 않다 짜증나게 굴지 않다

내가 하고 싶은 대로 할 거니까, 짜증나게 굴지 마! 짜증나게 굴지 마!

***연출 노트** : 이미 마르첼로에게 당장 달려가고 싶은 무제타. 어이없다는 듯이 웃으며 하고 싶은 대로 다 할 거라고 한 후에, 마지막에는 최대한 날카롭게 짜증을 내보자.

ALCINDORO Modi, garbo! Zitta, zitta!
알친도로 격식 품위있는 조용한 조용한

격식! 품위있게! 좀 조용, 조용히!

COLLINE (Essa è bella, io non son cieco, ma piaccion mi assai più una
콜리네   그녀 이다 예쁜 나 ~아니다 장님   하지만 나는 좋아한다   많이   더

pipa   e un testo greco!)
파이프 그리고 텍스트 그리스

(그래, 그녀는 아름다워. 난 장님이 아니야. 하지만 나는 담배 한 대와 그리스 책 한 권
이 훨씬 좋다구!)

MIMÌ (stringendosi a Rodolfo)
미미   (로돌포에게 바짝 다가서면서)

T'amo!
당신을 사랑하다

사랑해요!

Quell'infelice mi muove a pietà!
저   불행한 나를 움직인다   자비로

저 불행한 마르첼로가 너무 안 됐네!

L'amor ingeneroso è tristo amor!
사랑   아량없는 이다 슬픈   사랑

너그럽지 못한 사랑은 너무 슬퍼요!

RODOLFO (cingendo Mimì alla vita)
로돌포   (미미를 허리로 끌어당기며)

Mimì!
미미

미미!

È   fiacco amor quel che le offese vendicar non sa!
이다 무기력한 사랑 그것   공격   복수하다 알지 못하다

상처에 대한 복수를 할 수 없는 사랑은 무기력한 사랑이지!

Non risorge spento amor!
~않다 다시 떠오르다 꺼진   사랑

한 번 꺼진 사랑은 다시 불타지 않는 법이야!

Schaunard (Quel bravaccio a momenti cederà! Stupenda è la commedia!
쇼나르　　　　그　브라보(경멸적)　곧　　굴복하다　근사한　이다　코미디, 희극

　　　　　Marcello cederà!)
　　　　　　마르첼로　굴복하다

　　　　(저 잘난 녀석은 곧 항복할 거야! 아주 끝내주는 희극이라구! 마르첼로는 항복할 거
　　　　라구!)

　　　　(a Colline)
　　　　(콜리네에게)

　　　　Se　tal　vaga　persona,
　　　　만약　그러한　아름다운　사람

　　　　만약 저런 아름다운 여인이

　　　　ti　trattasse a tu per tu,
　　　　너를　다루다　너한테 직접

　　　　너한테 저런 식으로 행동한다면

　　　　la tua scienza brontolona
　　　　　너의　　학문　투덜대다

　　　　너의 지성이 가만히 있지 못하고

　　　　manderesti a Belzebù!
　　　　　보내다　　바알세불에게

　　　　바알세불에게 그녀를 던져버리겠지!

*풀이 : 바알세불은 성경에 나오는 이방인들의 신이다. 악의 신 바알세불에게 보낸다는 것은
　　　지옥에 보내버린다는 말.

*연출 노트 : 지금 쇼나르와 콜리네는 다시 무제타에게 무너지고 있는 마르첼로를 보며 미친
　　　짓이라고 생각하고 있다. 이 둘은 이 장면을 매우 재미있다는 듯이 즐기며 시시덕거린다. 이
　　　장면은 미미와 로돌포, 콜리네와 쇼나르, 마르첼로와 무제타와 알친도로가 짝을 이루어 소
　　　통하는 구도이다.

Musetta (Or convien liberarsi del vecchio!)
무제타　　지금　적합하다 자유로워지다　늙은이에게서

　　　(이제 저 늙은이를 쫓아버릴 때가 됐군!)

(simulando un forte dolore ad un piede, va di nuovo a sedersi)

(발이 매우 고통스럽다는 듯 행동하며 다시 자리에 앉는다)

Ahi!
아야

아야야!

Alcindoro **Che c'è?**
알친도로   무엇 있다

무슨 일이야?

Musetta **Qual dolore, qual   bruciore!**
무제타   감탄사   고통   감탄사 타는 듯한 통증

아 너무 아파, 고통스러워!

Alcindoro **Dove?**
알친도로   어디

어디가 아픈데?

(si china   per slacciare la scarpa a Musetta)

(신발 끈을 풀기 위해 무제타에게 허리를 굽히며)

Musetta (mostrando il piede con civetteria)
무제타   (요망한 자태로 발을 보여주며)

Al piè!
발에

내 발!

Insieme (함께)

Musetta **Sciogli, slaccia, rompi, straccia!**
무제타   풀다   풀다   부수다 찢다

벗겨봐, 끈을 풀어, 그냥 부수던가, 찢어버려!

Te   ne imploro…
너에게 그것을 애원하다

제발 부탁이야…

laggiù c'è un calzolaio.
저 아래 있다   구두수선공

저기 가면, 구두방이 있어.

Corri presto!
뛰다   빨리

빨리 뛰어가!

Ne   voglio un altro paio.
그것을(신발) 원하다   다른 한 쌍

가서 새로 한 켤레 사와.

Ahi! che fitta, maledetta scarpa stretta!
아야 감탄사 통증   저주받은   신발 꽉끼는

아야야! 너무 아파, 이런 망할 꽉 조이는 신발 같으니라구!

Or   la   levo…
지금 그것을 벗다

자 벗어줄게…

(si leva la scarpa e   la pone sul tavolo)
(신발을 벗어서 테이블 위에 올려 놓는다)

Eccola qua.
자   여기

자 여기.

(impazientandosi)
(참을성을 잃고)

Corri, va', corri.
뛰다   가다   뛰다

어서 서둘러! 가, 뛰라구.

Presto, va'! va'!
빨리   가다   가다

빨리, 가! 가!

ALCINDORO   Imprudente! Quella gente che dirà?
알친도로   무분별한, 제멋대로인 저 사람들 무엇을 말하다

제멋대로군! 대체 사람들이 뭐라고 하겠어?!

(cercando di trattenere Musetta)

(무제타를 제지하면서)

Ma il mio grado!
하지만 나의 지위

내 체면이 말이 아니군!

Vuoi ch'io comprometta?
원하다 나 위태롭게 되다

내 체면이 구겨지는 걸 원하는 거야?

Aspetta! Musetta! Vo.
기다리다 무제타 가다

기다려봐! 무제타! 간다구.

(nasconde prontamente nel gilet la scarpa di Musetta, poi si abbottona l'abito)

(재빠르게 무제타의 신발을 조끼에 숨긴 후에, 옷의 단추를 잠근다)

SCHAUNARD, RODOLFO E COLLINE
쇼나르,   로돌포 그리고 콜리네

La commedia è stupenda!
희극   이다 멋진

정말 끝내주는 코미디구만!

MARCELLO (commosso sommamente)
마르첼로   (격동하여)

(avanzandosi)

(앞으로 나아가며)

Gioventù mia,
젊음, 청년 나의

나의 젊은 연인이여!

tu   non sei   morta,
당신 아니다   죽은

너는 죽지 않았구나!

né   di te   morto è   il sovvenir!
~역시도 아니다 너에게   죽은   이다   머리에 떠오르다, 기억하다

너에 대한 기억도 죽지 않았어!

Se tu battessi alla mia porta,
만일 당신 두드리다   나의   문에

네가 만약 나의 문을 두드린다면

t'andrebbe il mio   core   ad aprir!
너에게 가다   나의   심장, 마음   열기 위해

당장 내 마음은 문을 열어주기 위해 너에게 달려갈 텐데!

MIMÌ Io vedo ben
미미 나는 보다 잘

전 훤히 보여요.

ell'è   invaghita di Marcello!
그녀는 이다 매혹된, 도취된 마르첼로에게

그녀가 마르첼로에게 매료되어 있다는 것이!

(Alcindoro va via frettolosamente)
(알친도로는 서둘러서 나간다)

(Musetta e Marcello si abbracciano con grande entusiasmo)
(무제타와 마르첼로는 매우 열정적으로 서로를 끌어안는다)

MUSETTA Marcello!
무제타   마르첼로

마르첼로!

MARCELLO Sirena!
마르첼로   사이렌

오, 사이렌!

*풀이 : 아름다운 노랫소리로 뱃사람들을 유혹하여 파선시키던 바다의 요정. 요부나 매혹적

인 여인에게 상징적으로 사용.

SCHAUNARD Siamo all'ultima scena!
쇼나르 이다 마지막 장면, 신

연극이 다 끝나가는군! (우리는 마지막 장면에 와 있군)

(un cameriere porta il conto)

(웨이터가 계산서를 가져온다)

RODOLFO, SCHAUNARD E COLLINE
로돌포, 쇼나르와 콜리네

(con sorpresa)

(놀라서)

(alzandosi assieme a Mimì)

(미미와 함께 다같이 벌떡 일어서며)

Il conto?
계산서

계산서?

SCHAUNARD Così presto?
쇼나르 이렇게 빨리

벌써?

COLLINE Chi l'ha richiesto?
콜리네 누구 그것을 요청하다

누가 계산서를 달라고 한 거야?

SCHAUNARD (al cameriere)
쇼나르 (웨이터에게)

Vediam!
보다

한 번 봅시다!

(dopo guardato il conto, lo passa agli amici)

(계산서를 보고는 친구들에게 넘긴다)

RODOLFO E COLLINE (osservando il conto)

로돌포와   콜리네   (계산서를 훑어보는)

Caro!

비싼

비싸잖아!

(lontanissima si ode la ritirata militare che a poco a poco va avvicinandosi)

(멀리서 들리던 군대의 귀영소리가 점점 가까워 온다)

MONELLI (accorrendo da destra)

거리의 소년들 (오른쪽에서부터 뛰어오며)

La ritirata!

퇴각, 후퇴, 귀영

군들이 돌아온다!

SARTINE E STUDENTI (sortono frettolosamente dal Caffè Momus)

여재봉사들과 학생들   (서둘러서 카페 모무스를 빠져나간다)

La ritirata!

퇴각, 후퇴, 귀영신호

군인들이 돌아온다!

SCHAUNARD Colline, Rodolfo, e   tu Marcel?

쇼나르   콜리네   로돌포   그리고 당신 마르첼로

콜리네, 로돌포, 그리고 마르첼로 너는?

MARCELLO Siamo all'asciutto!

마르첼로   이다   마른

우리는 돈이 다 떨어졌다고!

＊**essere(siamo) all'asciutto** : 돈이 다 떨어지다. 우리의 '돈이 말랐다'는 표현과 비슷하다. 비슷한 뜻으로 essere al verde라는 표현도 있다.

SCHAUNARD Come?
쇼나르   어떻게

뭐라고!?

RODOLFO Ho trenta soldi in tutto!
로돌포   가지고 있다   삼십   돈, 화폐   전부

난 전재산이 30푼 뿐이라고!

COLLINE, SCHAUNARD E RODOLFO
콜리네,   쇼나르 그리고 마르첼로

(allibiti)
(창백해져서)

Come? Non ce n'è più?
어떻게   없다   더 이상

뭐? 돈이 더 이상 없다고?

SCHAUNARD (terribile)
쇼나르   (끔찍하다는 얼굴로)

Ma il mio tesoro ov'è?
하지만 나의   보물   어디에 있다

내 보물이 어디로 사라진 거야?

(portano le mani alle tasche: sono vuote: nessuno sa spiegarsi la rapida scomparsa degli scudi di Schaunard sorpresi si guardano l'un l'altro)
(다들 주머니에 손을 넣어보지만, 누구도 쇼나르나가 준 돈이 그렇게 빨리 사라진 것을 믿을 수 없다는 듯이 놀라서 서로의 얼굴을 바라본다)

MUSETTA (al cameriere)
무제타   (웨이터에게)

Il mio conto date a me.
나의   계산서   주다   나에게

내 계산서 좀 주세요.

(al cameriere che le mostra il conto)

(그녀에게 계산서를 건네주는 웨이터에게)

Bene!
좋게, 잘

좋아요!

Presto, sommate quello con questo!
빨리   합산하다   그것   ~과   이것

빨리 합산해 주세요, 그거랑 이거랑!

(il cameriere unisce i due conti e ne fa la somma)

(웨이터는 두 개의 계산서를 하나로 합쳐서 계산한다)

Paga il signor che stava qui con me!
지불   신사   있다   여기 나와 함께

여기 나랑 함께 있던 신사분이 지불할 거예요!

RODOLFO, MARCELLO, SCHAUNARD E COLLINE
로돌포,   마르첼로,   쇼나르 그리고 콜리네

(fra loro comicamente)

(서로 장난스럽게)

(accennando dalla parte dove è andato Alcindoro)

(알친도로가 나간 쪽을 가리키며)

Paga il signor!
지불하다 신사

신사양반이 내신다!

MUSETTA Paga il signor!
무제타   지불하다   신사

신사양반이 내신다구!

SCHAUNARD Paga il signor!
쇼나르   지불하다   신사

신사양반이 내신다는군!

MARCELLO ···il signor!
마르첼로   신사

그 신사양반이!

MUSETTA (ricevuti i due conti dal cameriere li pone sul tavolo al posto di Alcindoro)
무제타   (웨이터에게 받은 두 개의 계산서를 알친도로가 있던 테이블에 올려 놓는다)

E   dove s'è seduto ritrovi il mio saluto!
그리고 곳   앉아 있다   발견하다   나의   인사

앉아 있던 곳에서 내 작별인사나 받으셔!

RODOLFO, MARCELLO, SCHAUNARD E COLLINE
로돌포,   마르첼로,   쇼나르 그리고 콜리네

E   dove s'è seduto ritrovi il mio saluto!
그리고 곳   앉아 있다   발견하다 나의   인사

앉아 있던 곳에서 내 작별인사나 받으셔!

BORGHESI
신사들

(accorrendo da sinistra, la ritirata essendo ancor lontana, la gente corre da un lato all'altro della scena guardando da quale via s'avanzano i militari)
(신사들이 왼쪽에서부터 뛰어들어오고, 귀영하는 군대는 아직 멀리 있다. 장면 속 사람들은 어디에서 군인들이 오는지를 보려고 이쪽에서 저쪽으로 뛴다)

La ritirata!
퇴각, 후퇴, 귀영

군인들이 돌아온다!

MONELLI   S'avvicina per di qua!?
거리의 소년들   가까워지다   이쪽으로

이쪽으로 오고 있는 거야?

(cercando di orientarsi)
(방향을 찾으려고 노력하며)

SARTINE E STUDENTI No, di là!
여재봉사들과 학생들   아니다   저쪽

아니야, 저쪽이야!

MONELLI (indecisi, indicando il lato opposto)
거리의 소년들 (확신이 없어 반대쪽을 가리킨다)

S'avvicinan per di là!
가까워지다   저쪽으로

저쪽으로 가고 있다!

SARTINE E STUDENTI Vien di qua!
여재봉사들과 학생들   오다   이쪽

이쪽으로 온다!

(si aprono varie finestre, appaiono a queste e sui balconi mamme coi loro ragazzi ed ansiosamente guardano da dove arriva la ritirata)
(창문들이 열리고, 엄마와 아이들이 발코니와 창문으로 모습을 드러낸다. 그리고 어디서 군대가 오고 있는지 불안하게 바라본다)

BORGHESI E VENDITORI
신사들과   상인들

(Alcuni irrompono dal fondo facendosi strada tra la folla)
(몇몇이 끝에서부터 군중 사이로 길을 내며 돌입한다)

Largo! Largo!
넓게   넓게

길을 트시오! 길을 터!

RAGAZZI
소년들

(Alcuni dalle finestre)
(창문으로 몇몇이 얼굴을 내밀고)

Voglio veder! Voglio sentir!
원하다　보다　원하다　듣다

보고 싶어! 소리를 듣고 싶어!

Mamma, voglio veder!
엄마　　원하다　보다

엄마, 보고 싶어요!

Papà, voglio sentir!
아빠　원하다　보다

아빠, 듣고 싶어요!

Vo' veder la ritirata!
원하다 원하다 퇴각, 후퇴, 귀영

군인들을 보고 싶어요!

Mamme
엄마들

(alcune, dalle finestre)
(몇몇이 창문으로 얼굴을 내밀고)

Lisetta, vuoi tacer?
리제따　원하다　입을 다물다

리제따, 입 좀 다물겠니?

Tonio, la vuoi finir?
토니오　그것을　원하다　끝내다

토니오, 그만 좀 해!

Vuoi tacer, la vuoi finir?
원하다 입을 다물다 그것을 원하다 끝내다

입 좀 다물고, 그만 좀 해!

(la folla ha invaso tutta la scena, la ritirata si avvicina sempre più dalla sinistra)
(군중은 무대를 뒤덮고, 귀영 군대는 왼쪽에서 점점 더 가까이 다가온다)

SARTINE E BORGHESI S'avvicinano di qua!
재봉사들과 신사들 가까워지다 이쪽으로

이쪽으로 온다!

LA FOLLA E VENDITORI
군중과 상인들

Sì, di qua!
그래 이쪽

그래, 이쪽이야!

MONELLI Come sarà arrivata la seguiremo al passo!
거리의 소년들 어떻게 도착하다 그것을 따라가다 걷는 방법으로

군인들이 걷는 것처럼 따라서 걸어갈 거야!

MARCELLO Giunge la ritirata!
마르첼로 도달하다 퇴각, 후퇴, 귀영

군인들이 도착한다!

MARCELLO E COLLINE
마르첼로와 콜리네

Che il vecchio non ci veda fuggir co' la sua preda!
늙은이 아니다 우리를 보다 도망치다 함께 그의 먹이

늙은이한테 우리가 그의 먹이(무제타)와 함께 도망치는 것을 들키면 안 돼!

MARCELLO, SCHAUNARD E COLLINE
마르첼로, 쇼나르 그리고 콜리네

Quella folla serrata il nascondiglio appresti!
저 군중 좁은, 답답한, 밀도가 높은 숨바꼭질 주다

저 꽉찬 군중 사이로 숨으면 돼!

MIMÌ, MUSETTA, RODOLFO, MARCELLO, SCHAUNARD E COLLINE
미미, 무제타, 로돌포, 마르첼로, 쇼나르 그리고 콜리네

Lesti,   lesti, lesti!
빠른, 민첩한

빨리, 빨리, 서둘러!

VENDITORI (dopo aver chiuso le botteghe, vengono in strada)
상인들   (가게 문을 닫은 후, 길로 나온다)

In quel   rullio   tu senti la patria maestà!
그   북치는 소리 당신 느끼다   조국   위대한

저 북소리에서 위대한 조국이 느껴지는구나!

(tutti guardano verso sinistra, la Ritirata sta per sbucare nel crocicchio, allora la folla
si ritira e dividendosi forma due ali da sinistra al fondo a destra, mentre gli amici con
Musetta e Mimì fanno gruppo a parte presso il caffè)

(모두가 왼쪽을 바라보고, 군대가 막 사거리를 뚫고 나오려 하자 군중은 왼쪽과 오른쪽 둘로 퍼
지며 갈라선다. 그때 무제타와 미미를 포함한 친구들은 카페 모무스의 무리에 섞여 있다)

LA FOLLA Largo, largo, eccoli qua! In fila!
군중   넓게   넓게 자 그들 여기 줄을서다

길을 트시오, 길을 열어! 저들이 왔어요! 줄을 서요!

(la ritirata militare entra da sinistra, la precede un gigantesco tamburo maggiore,
che maneggia con destrezza e solennità la sua canna di comando, indicando la via
da percorrere)

(민첩함과 장엄함을 갖추고 지휘봉을 흔드는 대고장의 엄청나게 큰 북을 앞세운 귀영 군대가 지
나갈 길을 가리키며 왼쪽에서 들어온다)

LA FOLLA E VENDITORI
군중과   상인들

Ecco   il tambur maggior!
여기에 있다   북   메인, 더 중요한

봐, 큰북이야!

Più fier d'un antico guerrier!
더 무서운   고대의   전사

고대의 전사보다도 더 무시무시하구만!

Il tamburo maggior! Gli zappator, olà!
북　　메인, 더 중요한　　공병들　여봐, 이봐

대고장! 이봐요, 공병들!

La ritirata　　è　qua!
퇴각, 후퇴, 귀영　이다　여기

군인들이 여기 있어!

Eccolo　　là! Il bel　tambur maggior!
여기에 있다　저기　멋진　북　메인, 더 중요한

저기 있다! 멋진 대고장이야!

La canna d'ôr, tutto splendor!
지휘봉　황금의　모두　멋진

황금 지휘봉에, 전부 멋지다구!

Che guarda, passa, va!
무엇을　보다　지나다　가다

쳐다본다~ 지나간다~ 간다!

(la ritirata attraversa la scena, dirigendosi verso il fondo a destra. Musetta non potendo camminare perché ha un solo piede calzato, è alzata a braccia da Marcello e Colline che rompono le fila degli astanti, per seguire la ritirata; la folla vedendo Musetta portata trionfalmente, ne prende pretesto per farle clamorose ovazioni. Marcello e Colline con Musetta si mettono in coda alla ritirata, li seguono Rodolfo e Mimì a braccetto e Schaunard col suo corno imboccato, poi studenti e sartine saltellando allegramente, poi ragazzi, borghesi, donne che prendono il passo di marcia. Tutta questa folla si allontana dal fondo seguendo la ritirata militare)

(군대가 오른쪽 끝으로 무대를 가로질러 간다. 무제타는 신발을 하나만 신고 있어서 걸을 수 없기 때문에 마르첼로가 그녀를 들어올려서 안고 있고, 콜리네는 군대를 따라가기 위해 군중들의 열을 헤치고 나간다. 사람들이 의기양양하게 안겨 가는 무제타를 보고 환호한다. 마르첼로와 콜리네 그리고 무제타는 군대의 뒤에 줄을 서 따라가고, 로돌포와 미미는 팔짱을 끼고 그 뒤를 따라가며 쇼나르는 입에 나팔을 물고 따라간다. 그 뒤로는 즐겁게 뛰는 학생들과 재봉사들이, 그리고 소년들과 신사들, 여자들이 행군한다. 이 모든 군중은 귀영군대를 따라 무대의 끝쪽으로 점점 멀어져 간다)

Insieme (다 함께)

Rodolfo, Marcello, Schaunard e Colline
로돌포,   마르첼로,   쇼나르 그리고 콜리네

Viva Musetta!
만세   무제타

무제타 만세!

Cuor   birichin!
심장, 마음   장난꾸러기, 말썽쟁이

장난꾸러기 마음!

Gloria   ed   onor,
영광   그리고 명예, 경의

영광과 경의요,

onor   e   gloria
명예, 경의   그리고   영광

경의와 영광일세!

del quartier latin!
구역의   라탱의

이 라탱 구역의!

La folla e Venditori
군중들과 상인들

(dall'interno)
(무대 뒤에서)

Tutto splendor!
모두   멋진, 훌륭한

전부 멋져!

Di Francia   è   il più bell'uom!
프랑스의   이다   가장   멋진 남자

프랑스에서 가장 멋진 남자라구!

Il bel tambur maggior
멋진　　북　　메인, 더 중요한

그 멋진 대고장이

eccolo là!
여기 있다　저기

저기에 있다!

Che guarda, passa; va!
　　　보다　　지나가다 가다

쳐다본다~ 지나간다~ 간다!

(grido della folla)
(군중의 외침)

(intanto Alcindoro con un paio di scarpe bene incartocciate ritorna verso il Caffè Momus cercando di Musetta; il cameriere, che è presso al tavolo, prende il conto lasciato da questa e cerimoniosamente lo presenta ad Alcindoro, il quale vedendo la somma, non trovando più alcuno, cade su di una sedia, stupefatto, allibito)
(알친도로가 잘 포장된 신발 한 켤레를 들고 카페 모무스로 돌아와서 무제타를 찾는 사이, 웨이터가 알친도로의 테이블로 와서 무제타가 놓고간 계산서를 격을 차려 보여준다. 그는 가격을 보고, 또 아무도 남아 있지 않은 것을 보고, 아연실색하고 창백해진 얼굴로 의자에 털썩 주저앉는다)

LA BOHÈME

QUADRO TERZO

3막

«La voce di Mimì aveva una sonorità che penetrava nel cuore di Rodolfo come i rintocchi di un'agonia…

미미의 목소리는 마치 극심한 고통을 알리는 종소리같이 로돌포의 마음을 파고드는 울림이 있다.

«Egli però aveva per lei un amore geloso, fantastico, bizzarro, isterico…

하지만 그는 그녀에게 질투심이 가득하고, 공상적이며, 기묘하고 신경질적인 사랑을 품고 있다.

«Venti volte furono sul punto di dividersi.

스무 번은 헤어지려 했다.

«Convien confessare che la loro esistenza era un vero inferno.

그들의 사랑은 지옥이었다고 고백하는 편이 나을 것이다.

«Nondimeno, in mezzo alle tempeste delle loro liti, di comune accordo si soffermavano a riprender lena nella fresca oasi di una notte d'amore… ma all'alba del domani una improvvisa battaglia faceva fuggire spaventato l'amore.

폭풍과 같은 다툼에도 불구하고, 그들은 사랑을 나누는 밤에는 시원한 오아시스 같은 활력을 되찾기 위해 합의하지 않을 수 없었다. 하지만 동이 트는 새벽에는 다시 시작되는 전쟁이 겁먹은 사랑을 쫓아버리곤 했다.

«Così se fu vita vissero giorni lieti alternati a molti pessimi nella continua attesa del divorzio…»

끊임없이 결별을 기다리며 수많은 끔찍한 날들을 기쁨의 날들로 겨우 덮어가며 사는 것이 삶이라면…

«Musetta, per originaria malattia di famiglia e per materiale istinto, possedeva il genio dell'eleganza.»

무제타는 그녀의 병적인 가족력으로 인해, 그리고 타고난 본능으로 인해 눈에 띄는 우아함을 지니고 있었다.

«Questa curiosa creatura dovette, appena nata, domandare uno specchio.»

이 호기심 많은 창조물은 태어나자마자 거울에게 질문해야만 했다.

«Intelligente ed arguta, ribelle soprattutto a quanto sapesse di tirannia, non aveva che una regola: il capriccio.»

그녀는 똑똑하고 머리가 좋았으며, 특히 그녀를 군림하려들면 반항적이 되었다. 대체 규율이라고는 '변덕스러움'뿐이었다.

«Certo il solo uomo da lei veramente amato era Marcello, forse perché egli solo sapeva farla soffrire ma il lusso era per lei una condizione di salute.»

당연히 그녀가 사랑한 유일한 남자는 마르첼로뿐이었다. 아마도 오직 그만이 그녀의 마음을 괴롭게 할 수 있었겠지만, 그녀에게 있어 사치는 그녀의 건강과도 직결된 것이었다.

La barriera d'Enfer

엉페(지옥) 장벽에서

Al di là della barriera, il boulevard esterno e, nell'estremo fondo, la strada d'Orléans che si perde lontana fra le alte case e la nebbia del febbraio, al di qua, a sinistra, un cabaret ed il piccolo largo della barriera; a destra, il boulevard d'Enfer; a sinistra, quello di Saint Jacques.

장벽 너머에는 넓은 외부 가로수길이 있고, 가장 끝쪽에는 층이 높은 집들과 2월의 안개에 가려져 잘 보이지 않는 오를리옹 길이 있다. 이쪽 편에는 왼쪽으로 카바레와 장벽의 작은 광장이 있다. 오른쪽에는 엉페의 가로수 길이, 왼쪽에는 성 요한의 가로수 길이 있다.

A destra, pure, la imboccatura della via d'Enfer, che mette in pieno quartiere latino.

오른쪽에는 라탱 구역을 가득 메우는 엉페 길의 입구도 있다.

Il cabaret ha per insegna il quadro di Marcello «Il passaggio del Mar Rosso», ma sotto invece, a larghi caratteri, vi è dipinto «Al porto di Marsiglia». Ai lati della porta sono pure dipinti a fresco un turco e uno zuavo con una enorme corona d'alloro intorno al fez. Alla parete del cabaret, che guarda verso la barriera, una finestra a pianterreno donde esce luce.

카바레에는 마르첼로가 그린 〈홍해의 기적〉의 그림간판이 걸려 있다. 하지만 밑에는 〈마르실리아의 항구〉라고 크게 써 있다. 문의 옆쪽에는 페즈(터키모자)를 감싼 매우 큰 월계수 관을 쓰고 있는 터키인 한 명과 주아브 병 한 명이 벽화로 그려져 있다. 장벽 쪽을 향하고 있는 카바레의 1층 벽에는 빛이 새어 나오고 있는 창문이 있다.

 * **주아브 병** : 아랍식 군복을 입은 병사들.

I platani che costeggiano il largo della barriera, grigi, alti e in lunghi filari, dal largo si ripartono diagonalmente verso i due boulevards. Fra platano e platano sedili di marmo.

장벽의 광장과 접해 있는 칙칙하고 장대같은 플라타너스들은 광장으로부터 두 개의 가로수 길 쪽을 향해 대각선으로 길게 줄 서 있다. 플라타너스들의 사이에는 대리석 벤치들이 있다.

È il febbraio al finire, la neve è dappertutto.

2월의 끝자락이고, 사방이 눈으로 덮여 있다.

All'alzarsi della tela la scena è immersa nella incertezza della luce della primissima alba. Seduti davanti ad un braciere stanno sonnecchiando i Doganieri. Dal cabaret, ad intervalli, grida, cozzi di bicchieri, risate. Un doganiere esce dal cabaret con vino. La cancellata della barriera è chiusa.

막이 걷히면 장면은 매우 이른 새벽의 흐릿한 여명 속에서 시작된다. 세관원들이 화로 앞에 앉아서 졸고 있다. 카바레로부터 음악이 멈출 때 잔을 부딪치는 소리와 요란한 고함소리, 그리고 웃음소리가 들려온다. 한 세관원이 와인을 들고 카바레에서 나온다. 장벽의 철책은 닫혀 있다.

(i Dietro la cancellata chiusa, battendo i piedi dal freddo e soffiandosi su le mani intirizzite, stanno alcuni Spazzini)

(닫혀진 철책 뒤로 꽁꽁 얼은 손에 입김을 불며 시린 발을 구르고 서 있는 몇몇 청소부들이 보인다)

SPAZZINI Ohè, là, le guardie!··· Aprite!··· Ohè, là!
청소부들 이봐 거기 경비병들   열다   이봐 거기

이봐, 거기! 경비병들! 문 좀 열어줘! 어이, 거기!

Quelli di Gentilly!··· Siam gli spazzini!···
그 사람들 정티이(지역명) 이다 청소부들

정티이에서 왔어! 청소부들이라구!

(i doganieri rimangono immobili; gli spazzini picchiano co' le loro scope e badili sulla cancellata urlando)

(세관원들은 부동자세로 서 있다. 청소부들이 그들의 빗자루와 쓰레받이로 소리치며 철책을 두드린다)

(battendo i piedi)

(발을 동동구르며)

Fiocca   la neve··· Ohè, là!··· Qui s'agghiaccia!
눈이 쏟아지다 눈   이봐 거기 여기   꽁꽁 얼다

눈이 퍼붓고 있어. 이봐, 거기! 여기 얼어 죽겠다구!

UN DOGANIERE   (alzandosi assonnato e stirandosi le braccia)
한 세관원   (기지개를 펴며 졸린 얼굴로 일어나서)

> Vengo!
>   오다
>
> 간다고!

* 풀이 : 대화하는 대상한테 갈 때는 영어와 마찬가지로 '오다' 동사를 사용한다.

> (va ad aprire, gli spazzini entrano e si allontanano per la via d'Enfer. Il doganiere richiude la cancellata)
>
> (열어주러 간다. 청소부들은 들어와서 엉페 길로 사라진다. 세관원은 다시 철책을 잠근다)

VOCI INTERNE
안에서 들리는 목소리들

> (dal cabaret)
>
> (카바레에서부터)
>
> (accompagnano il canto battendo i bicchieri)
>
> (잔을 부딪치며 노래의 흥을 돋운다)
>
> Chi nel ber trovò il piacer nel suo bicchier,
> 누구 마시는 것 발견하다 기쁨, 즐거움 ~안에 그의 잔
>
> 누군가는 술을 마시며 그의 잔에서 기쁨을 찾고,
>
> ah! d'una bocca nell'ardor,
> 아   한 입의   정열
>
> 아! 정열의 입 속에서
>
> trovò l'amor!
> 발견하다 사랑
>
> 사랑을 찾는다네!

MUSETTA   (dal cabaret)
무제타   (카바레로부터)

> Ah! Se nel bicchiere sta il piacer, in giovin bocca sta l'amor!
> 아 만약   잔 안에   있다 기쁨 ~안에 젊은 입 있다 사랑
>
> 아! 만약 잔 속에 기쁨이 있다면, 젊은이의 입에는 사랑이 있네!

VOCI INTERNE
안에서 들리는 목소리들

(dal cabaret)
(카바레로부터)

Trallerallè···
트랄랄라

트랄랄라

Eva   e   Noè!
이브 그리고 노아

이브와 노아!

(danno in una risata clamorosa)
(요란스럽에 웃는다)

LATTIVENDOLE
우유상인들

(dall'interno)
(안에서부터)

Hopplà! Hopplà!
호플라   호플라

호플라! 호플라!

(dal corpo di guardia esce il Sergente dei doganieri, il quale ordina d'aprire la barriera)
(경비초소에서 세관원 상사가 나와서 장벽을 열라고 지시한다)

UN DOGANIERE Son già le lattivendole!
한 세관원   이다 이미   우유상인

우유상인들이 벌써 왔군!

(tintinnio di campanelli e schioccare di fruste. Pe 'l Boulevard esterno passano dei carri co' le grandi lanterne di tela accese fra le ruote)
(종이 딸랑거리는 소리와 채찍질 하는 소리. 바깥쪽 가로수 길에는 바퀴들 사이에 켜 있는 대형 캔버스 조명이 달린 마차들이 지나간다)

CARRETTIERI
마부들

    (interno)
    (안쪽에서)

    Hopplà!
      이랴

    이랴!

LATTIVENDOLE
우유상인들

    (vicinissime)
    (아주 가까이서)

    Hopplà!
      이랴

    이랴!

    (la nebbia dirada e comincia a far giorno)
    (안개가 걷히면서 아침이 시작된다)

LATTIVENDOLE (entrando in scena a dorso di asinelli, ai doganieri, che controllano e
우유상인들   lasciano passare)
    (노새를 타고 장면 안으로 들어와서 검열하고 통과시키는 세관원들에게)

    Buon giorno!
    안녕하세요, 아침인사

    안녕하슈!

CONTADINE
여자 농부들

    (ai doganieri)
    (세관원들에게)

    (entrando in scena con ceste a braccio)
    (팔에 바구니를 끼고 장면 안으로 들어오면서)

~ Burro e cacio!
버터 그리고 치즈

버터와 치즈!

~ Polli ed uova!
닭들 그리고 계란

닭과 계란이요!

(pagano e i doganieri le lasciano passare)
(돈을 지불하자 세관원들이 통과시킨다)

CONTADINE (giunte al crocicchio)
여자 농부들 (사거리에 도착해서)

~ Voi da che parte andate?
너희들 ~로 무엇 장소 가다

당신들은 어디로 갈 거예요?

~ A San Michele!
에 산 미켈레

산 미켈레로 가요!

~ Ci troverem più tardi?
우리 발견하다 더 늦게

그럼 우리 나중에 만날까요?

~ A   mezzodì!
~에 정오 (mezzogiorno)

그럼 정오에 만납시다!

(si allontanano per diverse strade)
(제각기 흩어진다)

(i doganieri ritirano le panche e il braciere)
(세관원들은 벤치와 화로를 안으로 들여 놓는다)

(Mimì, dalla via d'Enfer, entra guardando attentamente intorno cercando di rico-
noscere i luoghi, ma giunta al primo platano la coglie un violento accesso di tosse:
riavutasi e veduto il Sergente, gli si avvicina)
(미미는 엉페 길에서 와서 장소를 찾기 위해 조심스럽게 두리번거리며 들어간다. 하지만 첫번째

플라타너스에 도착했을 때 끔찍한 기침이 그녀를 덮친다. 다시 추스린 그녀는 상사를 보고 가까이 다가간다)

MIMÌ (al Sergente)
미미 (상사에게)

Sa   dirmi,   scusi, qual è   l'osteria…
알다 나에게 말하다 용서하다 어떤 이다 술집, 여관

죄송한데요, 술집이 어디인지 아시나요?

(non ricordando il nome)
(이름이 기억나지 않는 듯)

dove un pittor lavora?
어디   화가   일하다

화가 한 분이 일하는 곳인데요?

SERGENTE (indicando il cabaret)
상사   (카바레를 가리키며)

Eccola.
저기

저기에요.

MIMÌ Grazie.
미미   감사

고맙습니다.

(esce una fantesaca dal cabaret; Mimì le si avvicina)
(카바레에서 한 가정부가 나온다. 미미는 그녀에게 다가간다)

MIMÌ O buona donna, mi fate il favore di cercarmi il pittore Marcello?
미미 오 좋은 여인 나에게 부탁을 들어주다 찾다   화가   마르첼로를

저기 친절한 아주머니, 저기서 화가 마르첼로 좀 찾아주시겠어요?

Ho   da parlargli. Ho   tanta fretta.
가지고 있다 그에게 말하다 가지고 있다 많은 서두름, 신속

그에게 할 말이 있어요. 급한 일이에요.

Ditegli,   piano, che Mimì lo aspetta.
그에게 말하다 조용히   미미 그를 기다리다

조용히 불러내서, 미미가 기다리고 있다고 전해주세요.

*연출 노트 : 여기서 아프고 추운 기색을 많이 내주면 좋겠다. 미미의 상태가 매우 안 좋음에
도 불구하고 먼 곳까지 추운 새벽에 찾아온 것을 염두에 두지 않고 아픈 미미를 충분히 표현
하지 못하는 경우를 종종 보는데, 2막에서는 그래도 생기가 있는 미미의 모습이었기 때문에
3막의 도입에서 매우 건강이 나빠진 미미를 표현함으로써 분위기의 전환과 극적인 느낌을
한층 더 살릴 수 있다. 1막은 나름 즐겁고, 2막은 밝고 경쾌한 느낌이 정신없이 지나간다. 그
리고 3막은 매우 어둡고 슬픈 장면이 이어지므로, 매우 다른 모습의 미미를 보여주는 것이
중요하다. 여기서 미미는 춥고 아픈 모습 외에도 초조하고 불안한 모습이 역력하다.

(la fantesca rientra nel cabaret)

(가정부는 카바레로 다시 들어간다)

SERGENTE (ad uno che passa)
상사   (통행하려는 사람에게)

Ehi, quel panier!
어이   그 대형 바구니

이봐, 거기 바구니!

UN DOGANIERE (dopo aver visitato il paniere)
세관원   (바구니를 살펴본 후에)

Vuoto!
텅 빈

아무것도 없군!

SERGENTE Passi!
상사   지나가다

통과!

(dalla barriera entra altra gente, e chi da una parte, chi dall'altra tutti si allontanano.
Le campane dell'ospizio Maria Teresa suonano mattutino. È giorno fatto, giorno d'in-
verno, triste e caliginoso. Dal cabaret escono alcune coppie che rincasano)

(장벽에서 다른 사람들이 들어오는데, 이쪽 저쪽에서 들어와 멀리 사라진다. 아침을 알리는 마더
테레사 구호소의 종이 울린다. 동이 텄다. 겨울 아침, 스산하고 안개가 자욱하다. 카바레에서는

몇몇의 커플들이 나와서 집으로 향한다)

MARCELLO (esce dal cabaret e con sorpresa vede Mimì)
마르첼로   (카바레에서 나와서 미미를 보고는 깜짝 놀란다)

   Mimì?!
    미미

   미미?!

MIMÌ Son io. Speravo di trovarti qui.
미미   이다 나 희망하다 당신을 찾다 여기

   저예요. 여기서 당신을 만날 수 있을 거라 믿었어요.

   ＊**연출 노트** : 조금은 안심하며 반가운 기색을 보인다.

MARCELLO È   ver. Siam qui da un mese di quell'oste alle spese.
마르첼로   이다 사실 이다 여기~부터 한 달   저   술집   지출

   맞아요. 우리는 한 달 전부터 여기 선술집에서 지내고 있어요.

   Musetta insegna il canto ai passeggeri; io pingo quel guerrier sulla
    무제타   가르치다   노래 통행자들에게 나는 그리다 저   전사   ~위에

   facciata.
    정면, 표면

   무제타는 오가는 사람들에게 노래를 가르치고, 나는 입구에 저 전사를 그리고 있죠.

   ＊**연출 노트** : 미미가 왜 찾아왔는지 알지 못하는 마르첼로는 오랜만에 만난 미미를 보며 반갑
고 즐거운 말투이다.

   (Mimì tossisce)
   (미미가 기침을 한다)

MARCELLO È freddo. Entrate.
마르첼로   이다 추운 들어가다

   추워요. 들어갑시다.

   ＊**연출 노트** : 미미의 기침에 조금은 놀라며 걱정스러운 기색을 보이도록 해보자.

MIMÌ C'è Rodolfo?
미미   있다   로돌포

로돌포가 있나요?

*연출 노트 : '잠깐만요. 그전에… 혹시 로돌포가 있나요?' 불안하고 걱정스러운 얼굴로 물어
보자.

MARCELLO Sì.
마르첼로   네

네

MIMÌ <u>Non posso</u> entrar.
미미   할 수 없다   들어가다

그럼 들어갈 수 없어요.

*연출 노트 : 겁을 집어 먹고 몸을 돌리며 절대 들어갈 수 없다는 제스처를 취해 보자. '오, 그
럼 들어갈 수 없어요!'.

MARCELLO (sorpreso)
마르첼로   (놀라서)

Perché?
   왜

왜요?

MIMÌ (scoppia in pianto)
미미   (울음을 터트리며)

O buon Marcello, aiuto!
오 착한   마르첼로   돕다

오, 착한 마르첼로, 날 좀 도와줘요!

*연출 노트 : 여기서 동양적 신파의 느낌이 물씬 난다. 갑자기 달려와 마르첼로의 품에 확 안기
며 무너져 내리는 모습을 연출해 보자. 이 대목에서 푸치니가 공들인 음악의 증폭을 보면 마
치 참았던 울음이 터지는 듯하다. 그러한 심정으로 울음이 터지듯 울부짖는 미미를 느끼며
표현해 보자. 이 대사에 미미의 고통을 충분히 터트려주지 못하면 뒤에 따라오는 대사들이
힘을 잃게 된다.

MARCELLO Cos'è avvenuto?
마르첼로   무엇   일어나다

대체 무슨 일이에요?

MIMÌ Rodolfo m'ama. Rodolfo m'ama   mi   fugge   e
미미   로돌포 나를 사랑하다 로돌포 나를 사랑하다 나에게서 도망치다 그리고

si strugge per gelosia.
괴로워하다   질투 때문에

로돌포는 나를 사랑해요. 로돌포는 나를 사랑하지만 나에게서 도망쳐요. 그리고 질투
때문에 스스로를 괴롭게 하고 있어요.

＊**연출 노트** : 떨리는 목소리로 절망에 빠진 심경을 토로한다. 그가 나를 사랑한다는 사실은 명
백하고 부인할 수 없지만, 미미는 더 이상 로돌포가 질투 때문에 이성을 잃어가는 모습을 견
딜 수 없다. 마지막 마디인 per gelosia를 더 드라마틱하게 살려보자. 왜냐면 그녀는 그의 질
투가 이 상황의 원흉이라고 생각하고 있기 때문이다.

Un passo, un detto, un vezzo, un fior lo   mettono in sospetto… Onde
한   걸음   한 말, 단어   제스처   꽃   그것을 놓다, 두다   의심   어디

corrucci ed   ire.
        화   그리고 분노

한 걸음만 걸어도, 말 한 마디만 해도, 작은 몸짓 하나에도, 꽃 한 송이에도 그는 의심
을 하죠. 그는 그런 것들에 화를 내요.

＊**Vezzo** : 매우 다양한 뜻을 가지고 있지만, 이 가사에서는 그녀나 혹은 그녀를 향한 다른 남
자들의 제스처를 의미한다.

＊**연출 노트** : 이 대목은 한 단어 한 단어 또박또박 말하듯 하면 좋겠다. 마르첼로를 쳐다보지
말고 혼잣말 하듯이 표현하자. 자신의 모든 행동을 눈으로 보는 듯 상상하면서 눈은 허공을
휘젓고 있다.

Talor la notte fingo di dormire e   in me   lo   sento fiso
때때로   밤   ~척하다   자다 그리고 내 안에 그것을 느끼다 고정된

spiarmi   i sogni in viso.
나를 조사하다 꿈   얼굴에서

종종 나는 밤에 자는 척을 해요 그리고 그가 꿈까지도 감시하겠다는 듯 내 얼굴을 뚫
어지게 바라보는 것이 느껴져요.

＊**연출 노트** : 이 부분은 공포에 가깝다. 물론 로돌포를 공포의 대상으로 여기는 것은 아니지

만, 그렇게까지 변해버린 로돌포에 대한 걱정이 두려움으로 밀려오는 것이다. 특히 lo sento fiso spiarmi i sogni in viso를 할 때 그 장면을 상상하며 표현해 보자. 그렇지만 사실은 아파서 잠못들고 괴로워하는 미미를 안타깝게 바라보는 로돌포일 뿐이다. 그러니 아침이 오면 또 헤어지자고 난리를 치는 것이다.

Mi　　grida　ad ogni istante: «Non fai　per me, prenditi un altro
나에게 소리지르다　매　순간, 찰나　하지 않다 나를 위해 나를 위해　다른

amante.»
　애인

그는 자주 나에게 "넌 나한테 어울리지 않아. 다른 애인을 얻어!"라며 소리를 질러요.

*연출 노트 : 로돌포의 말을 직접화법으로 할 때는 분노와 슬픔이 비친다. 슬픔에서 분노 섞인 슬픔으로 끝내보자. 이렇게 짧은 찰나에 색을 바꿔가며 표현할 수 있다면, 다른 누구와도 비교할 수 없는 매우 극적인 표현을 소유하게 될 것이다. 혹은 직접화법만이 가능한 로돌포의 분노 섞인 말투를 흉내내도 좋다. 이 경우는 경멸적 분노만으로 표현해 보자.

Ahimè! In lui parla　　il rovello;　　lo　so,　ma　che
휴, 아참 ~안에 그 말하다 분노, 어지러운 마음 그것을 알다 하지만 무엇을

rispondergli, Marcello?
그에게 대답하다　마르첼로

어쩜 좋아요! 그 안의 분노가 하는 말이겠지요. 알아요. 하지만 그에게 뭐라고 대답하면 좋겠어요, 마르첼로?

*연출 노트 : 다시 마음이 너덜너덜해진 연약한 미미이다. 그의 잔인한 말들에 마음을 다친 미미이지만 그가 아닌 그 안의 분노가 그를 그렇게 만든다는 것을 알고 있다. 하지만 슬프고 괴로운 것은 마찬가지이다. lo so는 체념적이고 울음 섞인 목소리, ma che rispondergli는 질문이다. 대체 뭘 어떻게 해야 좋겠냐고 질문하면서 울분을 터트려 보자.

MARCELLO　Quando s'è come voi　non si vive in　compagnia.
마르첼로　　　　언제　　　~처럼 너희　살지 않다　　　교제, 사귐

당신들 같은 관계라면 함께하지 않는 게 좋을 것 같군요.

Son lieve a Musetta　ed ella　è　lieve a me, perché ci amiamo
이다 가벼운　무제타에게 그리고 그녀 이다 가벼운 나에게 왜냐하면 서로 사랑하다

in allegria…
　즐겁게

나는 무제타에게 가벼운 남자고 그녀도 나에게 마찬가지예요. 우리는 그냥 즐겁게 사랑할 뿐이거든요.

Canti e risa, ecco il fior d'invariabile amor!
노래 그리고 웃음 여기 있다 꽃 변치 않는 사랑

노래하고 웃고. 그래요, 이런 게 변하지 않는 사랑의 묘미죠!

* **연출 노트** : 부드럽게 위로하듯이 이야기한다. 마르첼로 역시 약간의 슬픔과 옅은 미소가 교차한다.

MIMÌ Dite bene. Lasciarci conviene. Aiutateci voi; noi s'è provato più volte,
미미 말하다 잘 헤어지다 적합하다 우리를 돕다 당신 우리 시도하다 더 번, 회

ma invano.
하지만 무익하게

맞아요. 우리가 헤어지는 게 맞겠죠. 당신이 좀 우리를 도와주세요. 우리는 여러 번 헤어지려고 노력을 했지만, 소용 없었어요.

Fate voi per il meglio.
하다 당신 ~위해서 최선

당신이 좀 애써주세요.

* **연출 노트** : 괴롭지만 체념에 가까운 마음이다. 그렇기에 더욱 마르첼로에게 매달린다. 스스로 끊을 수 없는 올가미에 얽인 두 남녀를 위해 제발 대신 나서달라는 미미의 간청이다. 울면서 간청하는, 그리고 가슴에 있는 응어리가 터져나오는 듯한 미미의 괴로움을 표현해 보자.

MARCELLO Sta ben! Ora lo sveglio.
마르첼로 지내다 잘 지금 그를 깨우다   *Sta bene = Va bene

걱정마세요. 지금 그를 깨울게요.

MIMÌ Dorme?
미미 자다

자나요?

MARCELLO È piombato qui un'ora avanti l'alba; s'assopì sopra una panca.
마르첼로 이다 급습하다 여기 한 시간 앞, 전 새벽 잠이 들다 위에서 벤치

동이 트기 한 시간 전에 들이닥쳐서는 벤치 위에서 잠이 들었죠.

(fa cenno a Mimì di guardare per la finestra dentro il cabaret)
(미미에게 창문을 통해 카바레 안쪽을 들여다보라고 눈짓한다)

Guardate…
　보다

보세요

(Mimì tossisce con insistenza)
(미미는 심한 기침을 한다)

MARCELLO (compassionandola)
마르첼로　　(그녀에게 연민을 느끼며)

Che tosse!
감탄사 기침

기침이 심하군요!

*연출 노트 : 걱정스러운 얼굴로 얼른 그녀를 부축해 보자.

MIMÌ Da ieri　　ho　l'ossa rotte.
미미 ~부터 어제 가지고 있다　뼈　부서진

어제부터 고통이 밀려왔죠.

Fuggì　da me stanotte dicendomi: È finita.
도망치다 나로부터　오늘 밤　나에게 말하다　끝나다

어젯밤에 "우린 끝났어"라고 말한 후, 나에게서 도망쳤어요.

A giorno sono uscita e me ne venni a questa volta.
　낮에　　나가다　그리고　　오다　　　이 번에

그래서 아침에 나와서 여기로 찾아온 거예요.

*연출 노트 : 심한 기침 후 기운이 없다. E' finita만 살짝 슬픔이 느껴지는 호흡을 넣어서 강조
해 보자.

MARCELLO (osservando Rodolfo nell'interno del cabaret)
마르첼로　　(카바레 안의 로돌포를 바라보며)

Si desta…s'alza, mi cerca… viene.
깨다　　　일어나다 나를 찾다　　오다

깼군요, 일어났어요. 나를 찾네요… 오고 있어요.

MIMÌ Ch'ei non mi veda!
미미   그   나를 보지 않다

그가 나를 봐서는 안 돼요!

* **연출 노트** : 얼른 고개를 돌리며 창문에서 멀어지는 동시에 대사를 해보자.

MARCELLO Or   rincasate…
마르첼로   지금   집으로 돌아가다

지금 집으로 돌아가도록 해요.

Mimì… per carità, non fate scene qua!
미미   제발   하지 않다 신, 장면 여기

미미… 부탁이에요. 여기서 일을 만들지 말아요.

* **풀이** : Fare(fate) scene, 소동을 일으키다.

(spinge dolcemente Mimì verso l'angolo del cabaret di dove però quasi subito sporge curiosa la testa. Marcello corre incontro a Rodolfo)

(미미를 부드럽게 카바레의 한 쪽 구석으로 민다. 하지만 바로 궁금해진 마르첼로는 로돌포를 향해 달려간다)

RODOLFO (esce dal cabaret ed accorre verso Marcello)
로돌포   (카바레에서 나와 마르첼로 쪽으로 뛰어간다)

Marcello. Finalmente!
마르첼로   마침내

마르첼로. 드디어!

Qui niun   ci sente.
여기 아무도 우리를 듣다

여기 아무도 우리를 듣는 사람이 없군.

Io   voglio separarmi da Mimì.
나는 원하다   헤어지다   미미와

나 미미랑 헤어지고 싶어.

MARCELLO Sei volubil così?
마르첼로   이다 불안정한 이렇게

너 이렇게 변덕쟁이야?

*연출 노트 : 살짝 화를 낸다. 너무 과도하지 않도록 조심하면서.

RODOLFO Già un'altra volta credetti morto il mio cor,   ma di quegli occhi
로돌포 이미 한 다른 번 믿다 죽은 나의 심장 하지만   그   눈들

azzurri allo splendor esso è risorto.
하늘색   빛나는   그것 되살아나다

이미 내 심장이 멈췄다고 생각했지만 그 반짝거리는 하늘색 눈을 보면 되살아나고 만
다고!

*연출 노트 : 마르첼로가 자신의 얘기를 받아주지 않자 좀 강하게 변명을 늘어 놓는다.

Ora il tedio l'assale.
지금 지루함 엄습하다

지금 또 권태가 찾아왔어.

MARCELLO E   gli   vuoi rinnovare il funerale?
마르첼로 그리고 그(것)에게 원하다 새롭게하다   장례식

또 너는 네 심장의 장례를 치룰 셈이군.

(Mimì non potendo udire le parole, colto il momento opportuno, inosservata, riesce
a ripararsi dietro a un platano, presso al quale parlano i due amici)
(대화가 잘 들리지 않는 미미는 기회가 생기자 두 친구가 이야기하고 있는 플라타너스 뒤로 몸을
숨긴다)

RODOLFO Per sempre!
로돌포   영원히

영원토록!

MARCELLO Cambia metro.
마르첼로   바꾸다 기준, 표준

작전을 바꾸시지.

MARCELLO Dei pazzi   è l'amor tetro che lacrime distilla.
마르첼로 미친 사람들의 이다 사랑 암흑의   눈물 똑똑 떨어지다

눈물로 얼룩진 광인들의 음침한 사랑이군 그래.

Se <u>non ride</u> e   sfavilla l'amore è fiacco   e
만약 웃지 않다 그리고 불꽃을 발산하다 사랑 이다 무기력한 그리고

roco.   Tu   sei   geloso.
쉰 목소리를 내는 너는 이다 질투하는

만약 사랑이 웃지 않고 불꽃이 튀지 않는다면 이내 시들고 거칠어지지. 넌 질투하는
거야.

* **연출 노트** : 화가 나서 계속 경멸적인 말투이다.

RODOLFO <u>Un poco</u>.
로돌포   조금

조금은.

MARCELLO Collerico, lunatico, imbevuto di pregiudizi, noioso, cocciuto!
마르첼로   다혈질의   변덕스러운 젖은, 물에 잠긴   편견   지루한   괴팍한

다혈질에, 변덕스럽고, 편견에 사로잡힌 지루하고 괴팍한 녀석 같으니!

* **연출 노트** : 단어를 나열할수록 점점 더 화가 치밀어 오르는 듯 격렬해진다. 마지막 단어를 말
하며 로돌포를 밀치거나 적당한 무력을 사용하는 동작을 하면 효과가 상승한다.

MIMÌ (Or   lo   fa incollerir! Me poveretta!)
미미   지금 그를 하다 화를 내다 나 가여운, 불쌍한

(마르첼로가 그의 화를 돋우고 있어! 아, 가엾은 나!)

* **연출 노트** : 슬프고 속상하지만 기운이 소진된 미미는 지친 기색이 역력하다.

RODOLFO (con amarezza ironica)
로돌포   (씁쓸하게 반어적으로)

Mimì è   una civetta che frascheggia con tutti.   Un moscardino
미미 이다 교태부리는 여자   아양을 떨다 ~함께 모두 여자 따라다니는 젊은 남자

di viscontino le   fa l'occhio di triglia.
자작   그녀에게 하다 눈   숭어의

미미는 모두에게 아양을 떨며 교태를 부리지. 제비같은 자작 놈이 그녀를 넋을 놓고
바라본다고.

* **Fare l'occhio di triglia** : 숭어 눈을 하다 → 누군가를 넋을 잃고 바라보다.

Ella   sgonnella   e   scopre la caviglia con un far
그녀 엉덩이를 흔들며 걷다 그리고 보여주다   발목 ~함께 하다

promettente e lusinghier.
기대할 수 있는 그리고 만족스러운

그녀는 뭔가를 약속하는 듯이 엉덩이를 흔들고 발목을 보여주지.

*연출 노트 : 자신을 몰아붙이는 마르첼로에게 그럴싸한 핑계로 미미가 다른 남자들을 꼬신다고 이야기한다. '미미는 자작 놈을 꼬실려고 온갖 교태를 부린다고! 알기는 알어?'라고 말하듯 해보자. 미미가 교태를 부린다고 말하는 것은 사실이 아니겠지만, 자작이 미미에게 반한 것은 사실이다. 로돌포는 그것 때문에 화가 나 있는 것처럼 이야기하지만 사실은 다른 이유를 가지고 있으며, 필사적으로 변명하고 있다. 그것을 관객들이 느끼게 표현해 보자.

MARCELLO Lo   devo dir? Non mi sembri sincer.
마르첼로 그것을 말해야 하다 ~처럼 보이지 않다 정직한

사실대로 말해 줄까? 넌 솔직하지 못한 것 같군.

*연출 노트 : 로돌포가 더 이상 다른 핑계를 댈 수 없도록 경멸적으로 해보자. 들어줄 가치도 없다는 듯이 몰아붙여 보자.

RODOLFO Ebbene no, non lo son. Invan nascondo la mia vera tortura.
로돌포   그럼   아니 그렇지 않다 헛되이 숨기다   나의 진짜 번민, 고통

좋아 아니야, 난 솔직하지 못해. 나의 진짜 번민을 숨기는 것은 헛된 노력이군.

Amo Mimì sovra ogni cosa al mondo, io   l'amo,   ma
사랑하다 미미 위 모든 것 세상에서 나는 그녀를 사랑하다 하지만

ho   paura, ma   ho   paura!
가지고 있다 두려움 하지만 가지고 있다 두려움

나는 세상 그 무엇보다도 미미를 사랑해, 나는 그녀를 사랑한다구! 하지만 난 두려워, 두렵단 말야!

*연출 노트 : 자포자기한 상태이다. 처음에는 '나더러 그럼 어쩌라고, 나도 잘 모르겠어'라는 식으로 말하지만, 다음엔 바로 절규하듯 쏟아 놓는다. '그래, 나 미미를 사랑해! 인정할게!' 그리고 마지막으로 바로 두려움과 고통이 밀려온다. '하지만 너무 무서워, 어떻게 해야 할지 모르겠어. 난 무섭다구!'라고 말하며 어찌할 줄 모르는 두려움을 표현해 보자.

RODOLFO Mimì è tanto malata!
로돌포   미미 이다 많이 아픈, 병든

미미의 병이 심각해!

Ogni dì più declina. La povera piccina è condannata!
모두 일, 날 더 약해지다   불쌍한   작은 이다 선고받은

매일 더 나빠지고 있어. 작고 불쌍한 그녀는 죽을 거라고!

＊**연출 노트** : 강한 슬픔이 밀려온다. 어찌할 도리가 없는 슬픔이다. 마지막에는 자신의 무력함
때문에 북받치는 슬픔을 담아 보자.

MARCELLO (sorpreso)
마르첼로   (놀라서)

Mimì?
미미

미미가?

MIMÌ (Che vuol dire?)
미미   무어을 말하기 원하다

무슨 말이지?

RODOLFO Una terribil tosse l'esil petto   le   scuote e   già
로돌포   한 끔찍한 기침 약한 가슴 그녀에게 흔들다 그리고 이미

le smunte gote di sangue ha rosse⋯
바싹 마른 볼, 뺨   피의 가지다 붉은

끔찍한 기침이 그 허약한 가슴을 마구 흔들고 이미 바싹 마른 뺨은 피로 물들어⋯

MARCELLO Povera Mimì! (vorrebbe allontanare Rodolfo)
마르첼로   불쌍한   미미   (로돌포를 떼어놓고 싶어한다)

가엾은 미미!

MIMÌ (piangendo)
미미 (울면서)

Ahimè, morire!
저런, 참   죽다

세상에, 죽는다니!

RODOLFO La mia stanza è una tana squallida··· il fuoco ho spento.
로돌포 　　　 나의　 방 　이다 　둥지　황량한, 초라한　　불 　　끄다

내 방은 황량한 둥지야. 불도 지필 수 없어.

V'entra　 e　 l'aggira il vento di tramontana.
들어오다 그리고 빙빙돌다　 바람　　 북풍

북풍이 불어와 방을 훑고 지나가지.

Essa canta　 e 　sorride　 e　 il rimorso　 m'assale.
그녀 노래하다 그리고 미소짓다 그리고 양심의 가책 나를 엄습하다

그녀가 노래하고 미소지을 때면 자책이 밀려와.

Me, cagion del fatale mal　 che l'uccide!
나　 이유　 치명적인 나쁜　　 죽이다

바로 내가 그녀를 죽게 하는 치명적인 이유라고!

Mimì di serra　 è　 fiore.
미미　 온실의 이다 꽃

미미는 온실의 꽃이야.

Povertà l'ha sfiorita;　 per 　richiamarla　 in vita　 non basta amore!
가난　 그녀를 시들게하다 ~위해 그녀를 다시 부르다 삶으로　 충분치 않다　 사랑

가난이 그녀를 시들게 했어. 다시 그녀를 살리려면 사랑으로는 충분치 않다고!

*__연출 노트__ : 자괴감이 밀려오는 로돌포. 자신이 해줄 수 있는 것이 아무것도 없는 것을 괴로워
하는 그는 슬픔과 괴로움으로 가득찼다. 자신과 함께 있다가는 결국 죽을 거라고 절규한다.
앞에서는 미미가 관객들의 가슴을 저리게 했다면, 자신의 마음을 솔직히 털어놓는 순간부터
로돌포는 관객들에게서 안타까운 탄성이 터져나오도록 표현해 줘야 한다. 사랑하는 연인에
게 아무것도 해주지 못하는 남자의 마음을, 괴롭고 슬픈 마음을 강렬히 표현해 보자.

MARCELLO Che far　 dunque?
마르첼로 　　 무엇 하다 그러므로

그럼 어떻게 할 작정인데?

Oh, qual pietà!
오　 어떤　 자비

오, 자비를!

Poveretta!
가여운, 불쌍한

가여운 여인!

Povera Mimì!
가여운   미미

불쌍한 미미!

MIMÌ (desolata)
미미   (혼자 떨어져서)

O mia vita!
오 나의 인생

오, 내 인생이여!

(angosciata)
(불안에 떨며)

Ahimè! È finita···
이런   끝나다

세상에! 끝이라니···

O mia vita! È finita···
오 나의 인생   끝나다

오, 나의 인생! 끝이라니···

Ahimè, morir!
이런   죽다

세상에, 죽는다니!

(la tosse e i singhiozzi violenti rivelano la presenza di Mimì)
(그녀의 기침과 격렬한 흐느낌으로 미미가 있다는 것이 밝혀진다)

＊**연출 노트** : 기운이 없는 미미는 넋이 나간 사람처럼 중얼거리듯 이야기한다.

RODOLFO (vedendola e accorrendo a lei)
로돌로   (그녀를 보고는 그녀에게 달려가며)

Che? Mimì! Tu qui?
무엇   미미   당신 여기

뭐야, 미미! 여기 있었어?

M'hai sentito?
나를   듣다

내가 하는 말 들었어?

  *연출 노트 : 크게 당황하고 걱정하는 마음을 제대로 표현하지 않으면 매우 이상하니 반드시
신경써서 표현해 보자.

MARCELLO Ella dunque ascoltava?
마르첼로   그녀는   실로   듣다

그녀가 다 듣고 있었다고?

RODOLFO Facile alla paura per nulla   io m'arrovello.
로돌포   쉬운   두려움에 아무것도 아닌 것에 나는   초조해하다

나는 아무것도 아닌 일에 쉽게 겁먹고 초조해 하잖아.

Vien là   nel tepor!
오다 저기 온기, 따스함

저쪽으로, 따뜻한 곳으로 가자!

(vuol farla entrare nel cabaret)

(그녀를 카바레 안으로 들여보내려 한다)

MIMÌ No, quel tanfo mi   soffoca!
미미 아니다 그   악취 나를 숨막히게 하다

싫어요. 저 안의 냄새는 숨이 막힌다구요!

  *연출 노트 : 로돌포를 강하게 뿌리치며 슬퍼하는 모습을 유지한 채로 신경질적으로 표현해
보자. 로돌포의 품에 안기고 싶지 않아 도망치듯 하는 말이다. 잔인한 사실을 알게 해버린
그에 대한 작은 화풀이다.

RODOLFO Ah, Mimì!
로돌포   아 미미

아, 미미!

(stringe amorosamente Mimì fra le sue braccia e l'accarezza)

(부드럽게 미미를 양팔로 끌어안으며 그녀를 쓰다듬는다)

(dal cabaret si ode ridere sfacciatamente Musetta)

(카바레로부터 무제타의 요란한 웃음소리가 들린다)

MARCELLO È Musetta che ride.
마르첼로   이다 무제타   웃다

무제타의 웃음소리군.

(corre alla finestra del cabaret)

(카바레의 창문으로 달려간다)

Con chi ride? Ah, la civetta!
~와 누구 웃다   아 교태 부리는 여자

누구랑 웃는 거야? 아, 이 요부!

Imparerai.
배우다

좀 혼나야겠어. (교육 좀 받아야겠어)

(entra impetuosamente nel cabaret)

(화가 잔뜩 나서 카바레 안으로 들어간다)

***연출 노트** : 마르첼로는 이 대사로 두 사람의 공간에서 벗어난다. 무대에서도 사라지지만 추
후 다시 무대로 돌아올 때도 더 이상 두 사람과 같은 무드에 들어가지 않는다. 무제타와 한
바탕 전쟁을 치루어야 하니, 이 이후로 계속해서 전투적인 태도로 일관한다.

MIMÌ (svincolandosi da Rodolfo)
미미   (로돌포의 품안에서 빠져나오면서)

Addio.
(영원한) 안녕

잘 있어요.

***연출 노트** : 체념한 듯 천천히. 이제부터는 미미는 슬프거나 괴로운 미미가 아니다. 그 마음은
잠시 마음 깊은 곳에 넣어 두고, 연인을 웃으며 보내주려는, 애써 담담한 척하는 미미이다.
그래서 더 슬픈 그녀가 느껴지게 해보자.

RODOLFO (sorpreso)
로돌포 (놀라서)

Che! Vai?
무엇 가다

뭐! 간다고?

MIMÌ (affettuosamente)
미미 (다정하게)

Donde lieta uscì al tuo grido d'amore, torna sola Mimì al solitario
어디에서 기쁜 나가다 너의 고함, 외침 사랑의 돌아가다 혼자 미미 고독한

nido.
둥지

당신의 사랑의 외침을 듣기 위해, 행복한 그녀가 나왔던 곳으로, 미미는 그 외로운 둥
지로 돌아가요.

＊풀이 : 그녀는 자신이 로돌포의 사랑으로 말미암아 행복했고 이제는 원래 왔던 외로웠던 그
때의 삶으로 혼자 돌아간다고 말하고 있다.

Ritorna un'altra volta a intesser finti fior.
다시 돌아가다 한 다른 번 짜 넣다 가짜 꽃

다시 돌아가요, 가짜 꽃들을 만들던 그곳으로.

Addio, senza rancor.
안녕 ~없이 미련

영원히 안녕, 미련 없이.

＊연출 노트 : 지문을 보면 다정하게라고 써 있는 것을 볼 수 있다. 미미는 사려가 깊은 여인이
다. 자신 때문에 괴로워하고 있는 로돌포를 보내주기 위해서 애써 아무렇지 않은 척을 하며
이야기를 이어간다. 여전히 슬프지만 부드럽게 그리고 엷은 미소를 보이며 해보자.

~ Ascolta, ascolta.
듣다 듣다

들어봐요, 들어봐요.

Le poche robe aduna che lasciai sparse.
적은 물건들 모으다 내버려두다 산만한

내가 여기저기 놓고 온 몇 가지 물건들을 모아주세요.

Nel mio cassetto stan chiusi quel cerchietto d'or e il libro di
~안에 나의 서랍 잠겨 있다 그 머리띠 금의 그리고 책

preghiere.
기도

내 서랍 안에 그 금장식 머리띠랑 기도책이 들어 있어요.

Involgi tutto quanto in un grembiale e manderò il portiere…
싸다 전부 다 앞치마 그리고 보내다 문지기

전부 앞치마에 싸 놓으면 내가 문지기를 보낼게요.

*연출 노트 : 주저하다가 갑자기 생각난 듯이 이야기를 이어가지만, 사실은 놔두고 온 물건들이 문제가 아니라 뭔가를 계속해서 얘기해야 할 것 같은 기분이다. 나름 헤어짐을 분명히 하기 위해 말하려는 의도도 있는 것이다.

~ Bada, sotto il guanciale c'è la cuffietta rosa.
살펴보다 ~밑에 배개 있다 본네트(머릿수건) 분홍의

베개 밑을 살펴보면 그 분홍색 본네트가 있을 거예요.

*연출 노트 : 그러다가 로돌포가 선물한 본네트가 기억났다. 망설이는 듯한 말투다. 로돌포와 눈을 마주치지 못하며 주뼛거리는 모습으로 해보자. 이유는, 본네트는 추억이 있는 물건이니까.

Se… vuoi… se vuoi serbarla a ricordo d'amor!…
만약 원하다 만약 원하다 그것을 보관하다 추억으로 사랑의

만약 그걸… 만약 그걸… 가지고 싶다면… 우리의 사랑을 추억하기 위해!…

*연출 노트 : 그것은 이 두 사람의 사랑의 징표나 다름이 없다. 처음 만난 날 받은 선물이며, 아마도 그 이후로는 선물을 받은 적이 없을 것이다. 그 유일한 사랑의 징표를 로돌포에게 남기려는 마음은 자신을 기억해 주길 원하는 마음을 담은 것이다. 첫 번째 'Se vuoi'는 용기를 한껏 내서 꺼내보는 말이고, 두 번째 'Se vuoi'는 순간 다시 말할 용기를 잃은 듯하다. 그리고 다시 음악과 함께 감정을 증폭시키며 추억으로 간직해 달라고 말하는 것이다.

Addio, senza rancor.
안녕 ~없이 미련

영원히 안녕, 미련 없이.

*연출 노트 : 그리고 이제는 모든 할 말을 마친 듯, 옅은 미소와 기운 없는 목소리로 안녕을 고한다. 미련을 남기지 말고 진짜 이별을 고하듯 해보자. 그래야 로돌포가 다음 대사를 하는 것이 자연스럽다.

RODOLFO Dunque è proprio finita?
로돌포   그럼 이다 정말 끝난

그럼 정말 끝난 거야?

Te ne vai, te ne vai, la mia piccina?!
너는 가다   너는 가다   나의   작은

가버리는 거야, 정말 떠난다구, 나의 작은 미미?

Addio, sogni d'amor!···
안녕   꿈들   사랑의

잘가, 사랑의 꿈들아···!

* **연출 노트** : 넋이 나간 로돌포. 그동안 수십 번은 헤어지자는 말을 반복했지만, 이제는 정말로 헤어짐의 순간이 왔다는 것을 직감한다. 망연자실한 모습이다. 그리고 마지막 Addio, sogni d'amore!는 울컥 올라오는 것이 느껴진다. 한 단어 한 단어 매우 섬세하게 표현해 보자.

MIMÌ Addio, dolce svegliare alla mattina!
미미   안녕 달콤한   깨다   아침에

잘가요, 달콤하게 깨어나는 아침이여!

* **연출 노트** : 로돌포마저 진짜로 마지막 인사를 고하자, 그녀의 심정이 덜컥 내려앉는다. 하지만 이내 옅은 미소를 지으며 이 대사를 한다. 로돌포의 품에서 깨어나던 달콤한 아침은 더 이상 오지 않을 것이다.

RODOLFO Addio, sognante vita···
로돌포   안녕 꿈꾸고 있는 인생

안녕, 꿈만 같던 삶이여···

* **연출 노트** : 미미는 애써서 미소짓고 있지만 로돌포는 속상하고 아쉬운 마음을 감출 수가 없다.

MIMÌ (sorridendo)
미미   (미소지으며)

Addio, rabbuffi   e   gelosie!
안녕   비난, 질책 그리고 질투

영원히 안녕, 질책과 질투들아!

RODOLFO …che un tuo sorriso acqueta!
로돌포   한 너의 미소   진정시키다

너의 미소 하나로 사그라지던 것들이었지!

MIMÌ Addio, sospetti!…
미미   안녕   의심들

안녕, 의심들…!

RODOLFO Baci…
로돌포   키스들

키스들…

MIMÌ Pungenti amarezze!
미미   자극적인   괴로움, 고통

파고들던 괴로움들!

RODOLFO Ch'io da vero poeta rimavo   con   carezze!
로돌포   나는 ~로써 진짜   시인 남다, 머물다 ~함께 애무, 쓰다듬음

난 진짜 시인답게 부드럽게 쓰다듬곤 했지!

MIMÌ E RODOLFO Soli d'inverno è cosa da morire!
미미와   로돌포   홀로 겨울에 이다 무엇   죽을 만큼

겨울에 홀로 남겨진다는 것은 끔찍한 일일 거야!

Soli! Mentre a primavera c'è compagno il sol!
홀로   ~동안   봄   있다 동반자   태양

홀로라니! 봄에는 태양이 함께 해주겠지만!

(nel cabaret fracasso di piatti e bicchieri rotti)

(카바레에서 접시와 잔이 깨지는 소리가 난다)

＊**연출 노트** : 아무리 생각해도 당장 헤어진다는 것은 두 사람에게 너무나 급작스럽고 힘든 일이다. 이 춥고 외로운 겨울이 아닌 봄이면 좋지 않겠는가. 이 두 사람의 격렬한 사랑의 불을 당장 끄는 것은 너무나 힘든 일이다.

MARCELLO (di dentro)
마르첼로　　(안에서)

Che facevi, che dicevi <u>presso al</u> fuoco a   quel signore?
무엇　하다　무엇　말하다　　~에서　불　~에게 그　신사

불 옆에 서서 그 양반에게 무슨 말을 하던 거야? 뭘 하던 거냐고?

＊**연출 노트** : 매우 거칠게 따지듯 해보자.

MUSETTA (di dentro)
무제타　　(안에서)

Che vuoi   dir?
무엇　원하다 말하다

무슨 말이 하고 싶은 거야?

＊**연출 노트** : 신경질적으로 따지듯 날카롭게 해보자.

(esce correndo)

(뛰어 나온다)

MIMÌ Niuno   è   solo l'april.
미미　아무도 이다 홀로　4월

4월에는 아무도 홀로 있지 않아요.

＊**풀이** : 헤어지지 않아서 4월에 홀로 있지 않을 거라는 것이 아니라, 4월의 태양이 함께 해줄 테니 우리가 헤어져도 아무도 불쌍히 혼자 남겨지지는 않을 것이라는 의미.

MARCELLO (fermandosi sulla porta del cabaret, rivolto a Musetta)
마르첼로　　(카바레의 문 앞에 멈춰서서 무제타를 바라보며)

Al mio venire hai mutato colore.
~에 나의 오다 바꾸다 (음)색

내가 오니까 목소리까지 바뀌던데.

MUSETTA (con attitudine di provocazione)
무제타 (도발하려는 태도로)

Quel signore mi diceva: «Ama il ballo, signorina?»
그 신사 나에게 말하다 사랑하다 춤 아가씨

그 신사분이 나한테 이렇게 말하더군. "아가씨 춤추는 거 좋아해요?"

＊**연출 노트** : 갑자기 매우 요염한 자태로 즐기듯이 이야기해 보자. 마르첼로의 화를 일부러 돋 구는 중이다. 과감한 제스처를 사용해서 강렬하게 해도 좋다.

RODOLFO Si parla coi gigli e le rose.
로돌포 말하다 ~와 백합 그리고 장미

백합과 장미랑 얘기할 수 있으니.

MARCELLO Vana, frivola, civetta!
마르첼로 속이 텅빈 천박한 교태부리는 여자

경박하고, 천박한 요부 같으니!

＊**연출 노트** : 무제타의 태도에 폭발한 마르첼로의 말투는 경멸적이다.

MUSETTA Arrossendo rispondeva: «Ballerei sera e mattina.»
무제타 얼굴이 붉어지다 대답하다 춤추다 저녁 그리고 아침

얼굴이 발그레해지면서 이렇게 대답하더라고. "밤을 새고 아침이 될 때까지 춤을 출 수 있겠소."

MARCELLO Quel discorso asconde mire disoneste.
마르첼로 그 이야기 숨기다 의도 부정한, 진실성이 없는

그 이야기는 뭔가 음탕한 의도를 숨기고 있군.

MIMÌ Esce dai nidi un cinguettio gentile…
미미 나가다 ~부터 둥지 짹짹 우는 소리 부드러운

둥지로부터 부드럽게 지저귀는 소리가 들려오고…

MUSETTA Voglio piena libertà!
무제타   원하다   가득한   자유

난 완전한 자유를 위해!

MARCELLO (quasi avventandosi contro Musetta)
마르첼로   (무제타에게 거침없이 쏘아댄다)

Io t'acconcio per le feste se ti colgo a incivettire!
나   후회하도록 만들어주다 만약 너를 잡다   교태 부리다

그렇게 요망을 떨다가 덜미가 잡히면 정신 차리도록 혼쭐을 내주겠어!

＊**Acconciare qualcuno per le feste** : 누군가를 흠씬 패주다. 후회하도록 만들어주다.

MIMÌ E RODOLFO Al fiorir di primavera c'è compagno il sol!
미미와 로돌포   꽃피다   봄의   있다 동반자   태양

봄에 꽃이 피면 태양이 친구가 되어줄 거야.

Chiacchieran le fontane la brezza della sera.
재잘거리다   샘, 우물   바람   저녁의

샘들과 저녁의 산들바람이 재잘거리는구나.

＊**연출 노트** : 봄까지 결별을 미뤄 둔 미미와 로돌포는 다시 행복 가득한 사랑을 속삭인다.

Insieme (다 함께)

MUSETTA Ché mi   gridi? Ché mi canti?
무제타   왜   나에게 소리지르다 왜   나에게 노래하다

왜 소리를 질러? 왜 잔소리 하는 거야?

All'altar non siamo uniti.
제단에서   아니다   합쳐진

우린 결혼한 사이도 아닌데!

＊**풀이** : 제단 앞에서 합쳐졌다는 것은 결혼을 의미.

Io detesto quegli amanti che la fanno da (ah!ah!ah!) mariti…
나는 증오하다   그 애인들   하다 ~로써   남편들

나는 남편처럼 구는 애인들은 딱 질색이라구…

＊**연출 노트** : 비웃듯 웃으며 경멸적으로 말한다. 그리고 재미있다는 듯이 웃고는 mariti를 강

조한다.

Fo all'amor con chi mi piace!
하다　사랑　~와　누구　내가　좋아하다

나는 내 맘에 드는 사람이랑 사랑을 나눌 거야!

Non ti garba? Ebbene, pace.
(너는) 싫어하다　좋다　평화

맘에 안들어? 좋아. 그럼 잘 해봐!

* **pace** : 평안하라는 안부인사. 물론 비꼬는 말투다.

Ma Musettaa se ne va.
하지만　무제타　가버리다

무제타님은 이만 가실 테니까.

Marcello **Bada, sotto il mio cappello non ci stan certi ornamenti…**
마르첼로　살펴보다　~아래　나의　모자　없다　다소의　장식, 꾸민

잘 봐, 내 모자 밑에는 마땅한 장신구 따위가 들어갈 자리는 없어.

* **풀이** : 이것은 매우 은유적인 표현으로, 장신구는 머리에 난 뿔을 이야기한다. 머리에 난 뿔은 '분노'를 상징하므로, 난 '화낼 일조차 없을 거야. 왜냐면…'이라고 해석하면 된다.

Io non faccio da zimbello ai novizi intraprendenti.
나는　안하다　~로써　웃음거리　풋내기들　진취적인, 모험적인

난 모험을 즐기는 풋내기들에게 웃음거리는 되지 않을 거거든.

* **풀이** : 무제타 같은 여자를 만나려고 쫓아다니는 풋내기들에게 웃음거리가 될 생각이 없다는 뜻이다.

Vana, frivola, civetta!
쓸모 없는　천박한　교태부리는 여자

쓸모 없고, 천박한 요부 같으니!

Ve n'andate? Vi ringrazio: or son ricco divenuto. Vi saluto.
당신은 가다　당신께 감사하다　지금　이다　부자　되었다　당신에게　인사하다

가신다구요? 감사드립니다. 전 이제 부자가 되었군요. 그럼 이만 잘 가세요.

MIMÌ Balsami stende sulle doglie umane.
미미　향료, 연고 펴바르다 ~위에　고통　인간의

인간의 고통 위에 향료를 발라주죠.

RODOLFO Vuoi che spettiam la primavera ancor?
로돌포 원하다 기다리다　봄　까지

우리 봄까지 기다려보는 게 어때?

MUSETTA Musetta <u>se ne va</u>　sì,　<u>se ne va</u>!
무제타　　무제타　가버리다 그래 가버리다

무제타는 가버린다구. 그래, 간다구!

(ironica)

(비꼬며)

Vi　saluto. Signor: addio!
당신께 인사하다 신사　안녕

안녕히 계세요. 신사양반, 영원히 안녕!

vi　dico　con　piacer.
당신께 말하다 ~함께 기쁨

기쁨으로 인사드려요.

MARCELLO Son servo e　<u>me ne vo</u>!
마르첼로　　이다　하인 그리고 가버리다

전 하인입죠, 그리고 이만 물러갑니다!

MUSETTA (s'allontana correndo furibonda, a un tratto si sofferma e gli grida)
무제타　　(화가 잔뜩 나서 멀리 달려가다가 멈춰 서서 그에게 소리친다)

Pittore　da bottega!
화가　공방, 작은 상점

구멍가게 화가!

***연출 노트** : 돌아서서 가려다가 갑자기 너무 화가 치밀어 오른 나머지 뒤돌아 서서 단어의 액센트에 매우 힘을 주어 신경질적으로 말해 보자.

MARCELLO   (dal mezzo della scena, gridando)
마르첼로   (장면의 중앙에서 소리지르며)

> Vipera!
>   독사
>
> 독사!

＊**연출 노트** : 무제타가 도발하니 마르첼로도 다시 휙 돌며 바로 맞받아친다.

MUSETTA   Rospo!
무제타   두꺼비

> 두꺼비!
>
> (esce)
> (나간다)

＊**연출 노트** : 목소리 자랑이라도 하듯이 더 크고, 더 사나운 투로 해보자. 특히 Rospo의 R을
강하게 굴려주면 효과가 좋다.

MARCELLO   Strega!
마르첼로   마녀

> 마녀!
>
> (entra nel cabaret)
> (카바레로 들어간다)

＊**연출 노트** : 마찬가지로 목소리 더 큰 사람이 이길 것처럼 소리친다. 역시 Strega의 r을 강하
게 굴려서 그 느낌을 더 살릴 수 있다.

MIMÌ   (avviandosi con Rodolfo)
미미   (로돌포와 함께 떠나며)

> Sempre tua   per la vita⋯
>   항상   너의 것   평생토록
>
> 나는 평생토록 당신 거예요.

RODOLFO Ci lasceremo⋯
로돌포   헤어지다

우리는 헤어질 거야⋯

MIMÌ Ci lasceremo alla stagion dei fior⋯
미미   헤어지다   계절에   꽃의

꽃이 피는 계절에 헤어질 거예요⋯

RODOLFO ⋯alla stagion dei fior⋯
로돌포   계절에   꽃의

꽃이 피는 계절에⋯

MIMÌ Vorrei che eterno durasse il verno!
미미   원하다   영원한 지속되다   겨울

겨울이 영원히 지속되면 좋겠어!

MIMÌ E RODOLFO (dall'interno, allontanandosi)
미미와   로돌포   (안쪽에서 멀어져 가며)

Ci lascerem alla stagion dei fior!
헤어지다   계절에   꽃의

꽃이 피는 계절에 헤어질 거야!

***연출 노트** : 내용을 잘 해석해 보지 않으면 3막이 끝나고 나서 왜 미미와 로돌포가 4막에서는 헤어진 것으로 나오는지 이해를 못하는 경우가 많다. 3막에서 이들이 행복해하며 끝을 내기 때문이다. 결국은 봄에 헤어질 것이지만, 적어도 겨울만큼은 함께할 수 있다는 작은 기쁨을 누리고 있는 것이다. 하지만 이 기쁨은 너무나 커보인다. 마치 4막에 찾아올 모든 슬픔에 앞선 마지막 행복인 것처럼.

LA BOHÈME

QUADRO QUARTO

4막

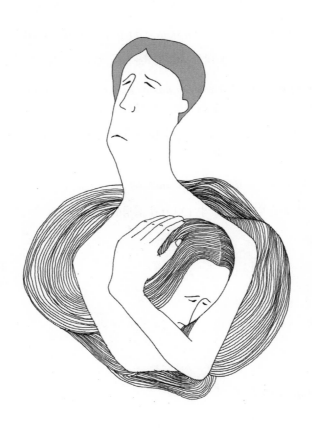

«⋯ In quell'epoca già da tempo gli amici erano vedovi.

이 시기에는 친구들은 이미 홀아비가 된 지 오래였다.

«Musetta era diventata un personaggio quasi ufficiale; da tre o quattro mesi Marcello non l'aveva incontrata.

무제타는 거의 공인이 되어 있었고, 3~4개월 전부터 마르첼로는 무제타를 보지 못했다.

«Così pure Mimì; Rodolfo non ne aveva più sentito parlare che da sé medesimo quando era solo.

로돌포는 혼자가 된 때부터 미미에 대한 소식을 듣지 못했다 ; 미미도 사정은 마찬가지였다.

«Un dì che Marcello di nascosto baciava un nastro dimenticato da Musetta, vide Rodolfo che nascondeva una cuffietta la cuffietta rosa dimenticata da Mimì:

어느날 숨어서 무제타가 놓고 간 리본에 입을 맞추던 마르첼로가, 미미가 놓고 간 분홍색 본네트를 숨기고 있는 로돌포를 보게 된다.

«Va bene! mormorò Marcello, egli è vile come me!

그렇군! 마르첼로가 중얼거린다. 그 역시 나처럼 겁쟁이로군!

«Vita gaia e terribile!⋯»

유쾌하고 끔찍한 인생⋯!

In soffitta

다락방에서

La stessa scena del quadro 1.

1막과 동일한 배경

Marcello sta ancora dinanzi al suo cavalletto, come Rodolfo sta seduto al suo tavolo: vorrebbero persuadersi l'un l'altro che lavorano indefessamente, mentre invece non fanno che chiacchierare.

로돌포는 그의 책상에 앉아 있고 마르첼로는 이젤 앞에 아직 앉아 있다. 서로 열중해서 일하고 있는 척하지만 사실은 수다를 떨고 있다.

(continuando il discorso)

(이야기를 계속 이어간다)

MARCELLO In un coupé?
마르첼로   ~안에   2인승 4륜 마차

마차를 타고 있었다고?

RODOLFO Con pariglia   e   livree.
로돌포   ~와   말 한 쌍   그리고   제복

한 쌍의 말과 하인들도 있었지.

* **pariglia** : 마차를 끄는 한 쌍의 말.

* **livree** : 하인들이 입던 제복으로, 하인을 상징.

Mi   salutò ridendo. To', Musetta!
나에게 인사하다   웃다   엇   무제타

나에게 웃으며 인사하던 걸. 엇, 무제타!

Le   dissi: ~ e   il cuor? ~ «Non batte o non lo sento
그녀에게 말하다   그리고 심장, 마음   뛰지 않다 또는 느끼지 않다

grazie al velluto che il copre.»
~덕에   벨벳   그것을 덮다

그녀에게 말했지. 심장(중의적으로 마음)은 어때? "뛰지 않아요. 아니면 심장을 덮은 벨벳 덕분에 느껴지지 않거나."

*풀이 : 멋진 벨벳의상을 입고 있다는 것으로, 매우 화려하게 잘 살고 있음을 비유적으로 말한 것이다.

MARCELLO (sforzandosi di ridere)
마르첼로   (억지로 웃으려고 애쓰며)

Ci   ho   gusto davver!
가지고 있다 취향, 맛 정말로

정말 기쁜 일이군!

* **풀이** : Mi fa piacere davvero!와 같은 뜻으로 해석되며 직역할 수 없다. 매우 기쁘다는 뜻이다.

RODOLFO (Loiola, va!   **Ti rodi**   e   ridi.)
로돌포   위선자 (해석 안됨) 괴로워하다 그리고 웃다

(됐어, 이 위선자! 사실은 괴로우면서 웃고 있군.)

* **Loiola** : 예수회 창시자의 이름으로, 위선자를 가리키는 대명사로 사용.

(ripiglia il lavoro)

(일을 다시 시작한다)

MARCELLO (dipinge a gran colpi di pennello)
마르첼로   (붓을 크게 휘두르며 그림을 그리다)

Non batte? Bene! Io pur vidi…
뛰지 않다   좋다 나 역시   보다

뛰지 않는다고? 잘 됐네! 그런데 나도 봤단 말이지…

* **연출 노트** : 매우 과장된 동작으로 그림을 그리는데, 마치 아무렇게나 색을 칠하는 듯이 해
보자. 마르첼로는 지금 그림을 그리고 싶은 마음도 없고, 전혀 집중도 되지 않는 상태이다.
Non batte는 혼잣말로 하는 듯하지만, Bene!는 로돌포한테 들으라는 듯이 크게 하는 것이
자연스럽다. 그리고 Io pur vidi는 좀 간교한 말투로 로돌포한테 해보자. 이 둘은 지금 아무
렇지도 않은 척 연기하고 있는 서로를 도발하고 있는 것이다.

RODOLFO Musetta?
로돌포   무제타

무제타?

* **연출 노트** : 대수롭지 않다는 듯이.

MARCELLO   Mimì.
마르첼로   미미

  미미.

  *연출 노트 : 놀리듯 간교하게. '그럴리가, 당연히 미미지!'라고 말하듯.

RODOLFO   (trasalendo, smette di scrivere)
로돌포   (화들짝놀라 쓰던 것을 멈춘다)

  L'hai vista? (si ricompone)
  그녀를 보다   (다시 묻는다)

  그녀를 봤다고?

  *연출 노트 : 여기서는 정말 놀랐다. 그래서 다급하게 묻는다.

  Oh, guarda!
   오   보다

  그러시겠지!

  *풀이 : 무엇을 보라는 말이 아니다. 이 상황에서는 말도 안 되는 소리하지 말라는 의미이다.

  *연출 노트 : 순간 자신이 마르첼로에게 속마음을 들킨 것 같아서 아무렇지 않은 척한다.

MARCELLO   (smette il lavoro)
마르첼로   (일을 멈춘다)

  Era   in carrozza vestita come una regina.
  이다 ~안에   마차   입은   ~처럼   여왕

  마치 여왕처럼 차려 입고는 마차에 타고 있었지.

  *연출 노트 : 도발하고 놀려야 하기 때문에 신나서 떠든다. 얄밉게 표현해 보자.

RODOLFO   (allegramente)
로돌포   (신난듯이)

  Evviva!
   만세

  만세!

Ne   son   contento.
~대해 이다   기쁜

아주 기쁜 소식이군.

* **연출 노트** : 마르첼로에게 질 수 없다. 신나는 척, 괜찮은 척 연기해 보자.

MARCELLO (Bugiardo, si strugge   d'amor.)
마르첼로   거짓말쟁이   매우 괴롭다 사랑으로 인해

(거짓말쟁이 같으니라구. 상사병으로 괴로워 죽겠을 걸.)

* **연출 노트** : 도발에 안 넘어오자, 혼잣말처럼 화가 나서 중얼거린다.

RODOLFO Lavoriam.
로돌포   일하다

일이나 하자구.

MARCELLO Lavoriam.
마르첼로   일하다

일이나 하자구.

* **연출 노트** : 서로를 도발하려다가 기분만 잡친 두 사람이 짜증내며 일이나 하자고 한다.

(riprendono il lavoro)

(다시 일을 시작하며)

RODOLFO (getta la penna)
로돌포   (펜을 집어 던진다)

Che penna infame!
감탄사   펜   형편없는

이런 형편없는 펜 같으니!

(sempre seduto e molto pensieroso)

(계속 앉아 있고 매우 고민하고 있다)

MARCELLO (getta il pennello)
마르첼로   (붓을 집어 던진다)

Che   infame pennello!
감탄사 형편없는   붓

이런 형편없는 붓 같으니!

(guarda fissamente il suo quadro, poi di nascosto da Rodolfo estrae dalla tasca un
nastro di seta e lo bacia)

(자신의 그림을 뚫어지게 쳐다보다가 로돌포 몰래 주머니에서 실크 리본을 꺼내서 입맞춘다)

Insieme (함께)

RODOLFO (O Mimì tu   più   non torni.
로돌포   오 미미 당신 더 이상 돌아오지 않다

(오, 미미 너는 다시 돌아오지 않는구나.

O giorni belli, piccole mani, odorosi capelli, collo di neve!
오 날들 아름다운 작은 손들 향기나는 머리카락 목   눈의

오, 아름답던 날들이여, 작은 손, 향기로운 머리카락, 눈같이 희던 목이여!

Ah! Mimì, mia breve gioventù!
아 미미 나의 짧은 청춘

아! 미미, 나의 짧은 청춘!

***풀이** : 나의 짧은 청춘은, 짧았던 만남을 가진 '나의 젊은 연인'을 비유하는 것이다.

(dal cassetto del tavolo leva la cuffietta di Mimì)

(책상 서랍에서 미미의 본네트를 꺼낸다)

E   tu, cuffietta lieve, che sotto il guancial partendo ascose, tutta
그리고 당신 본네트 작은, 가벼운 아래 베개 떠나다 숨기다 모두

sai la nostra felicità, vien sul mio cuor!
알다 우리의 행복 오다 ~위에 나의 심장

그리고 너, 그녀가 떠나며 베개 밑에 숨겨 놓은 작은 본네트야, 너는 우리의 행복을 다

알고 있지. 내 심장으로 오렴!

Sul mio cuor morto, poich'è morto amor.)
위의 나의 심장 죽은 ~한 고로 죽은 사랑

사랑이 죽었기에 죽어버린 나의 심장으로.)

***연출 노트** : 더 이상 숨길 수 없는 그리움이 밀려온다. 지금 로돌포와 마르첼로는 각자의 그리
움에 빠져서 사랑하는 그녀들을 추억한다. 이때 로돌포의 눈이 그윽하게 허공을 바라보며

닿지 않는 그녀에게 자신의 마음을 띄워 보내는 듯이 한다면 멋지게 표현될 수 있을 것이다.

MARCELLO (Io <u>non so</u> come sia che il mio pennel lavori   ed impasti colori
마르첼로   나 모르다 어떻게 이다   나의   붓   일하다 그리고 칠하다   색

contro la voglia mia.
대항하여 갈망 나의

(어떻게 이 붓은 내가 원하는 것이랑 상관없이 멋대로 그리고 칠하는지 도대체 알 수
가 없군.

Se pingere <u>mi piace</u> o   cieli   o terre o inverni o primavere,
만약 그리다 좋아하다 또는 하늘들 또는 땅들 또는 겨울들 또는   봄들

egli   mi   traccia   due pupille nere   e una bocca procace,   e
그는 나에게 찾아내다 두개의 눈동자 검은 그리고   입 뻔뻔스러운 그리고

n'esce   di Musetta   e il viso ancor…
거기서 나오다 무제타의   그리고 얼굴   다시

나는 하늘이나 땅 혹은 겨울이나 봄을 그리고 싶은데, 이 붓은 두 개의 검은 눈동자와
뻔뻔스러운 입을 그리고, 그건 무제타의 눈과 입이 되고, 그리고 얼굴이 되고 또…

E   n'esce di Musetta il viso tutto vezzi   e il viso frode.
그리고 거기서 나오다 무제타의   얼굴 전부 예쁜 그리고 얼굴   기만

그저 예쁘고 가식적인 무제타의 얼굴이 되는군.

Musetta intanto   gode   e il mio cuor vil   la chiama e
무제타   한편, 일단   즐기다 그리고 나의   마음 소심한 그녀를 부르다 그리고

aspetta il vil mio cuor…)
기다리다 소심한 나의 마음

무제타는 즐기고 있고 내 소심한 마음은 그녀를 부르지, 그리고 이 소심한 마음은 그
녀를 기다려…)

*연출 노트 : 마르첼로는 생각에 전념해 있다. 후에 로돌포가 시간을 묻자 잠에서 깬 듯 혹은
상념을 떨쳐버리려는 듯 머리를 흔들며 대답해 보자.

RODOLFO (pone sul cuore la cuffietta, poi volendo nascondere a Marcello la propria com-
로돌포   mozione, si rivolge a lui e disinvolto gli chiede)
           (본네트를 가슴으로 가져다 대고는 자신의 요동치는 마음을 마르첼로에게 들키지 않으
           려고 그에게 등을 돌린 채로 얼굴을 보지 않고 물어본다)

Che ora sia?
무엇 시간 이다

몇시지?

E Schaunard non torna?
그리고 쇼나르 돌아오지 않다

쇼나르는 안 돌아오는 거야?

MARCELLO (rimasto meditabondo, si scuote alle parole di Rodolfo e allegramente gli
마르첼로   risponde)
         (생각에 잠겨 있다가 로돌포의 말에 머리를 흔들고는 경쾌하게 대답한다)

L'ora del pranzo di ieri.
시간 점심의 어제의

어제의 점심시간이야.

*풀이 : 어제 점심시간부터 기다리고 있다고 과장하여 투덜대는 것을 농담조로 해보자.

(entrano Schaunard e Colline, il primo porta quattro pagnotte e l'altro un cartoccio)
(쇼나르와 콜리네가 들어온다, 한 명은 둥근빵 네 개를 다른 한 명은 종이봉지를 가지고 있다)

SCHAUNARD Eccoci.
쇼나르   여기 있다

내가 왔다네.

RODOLFO Ebben?
로돌포   그럼

자, 그럼?

MARCELLO Ebben?
마르첼로   그럼

자, 그럼?

(Schaunard depone le pagnotte sul tavolo)
(쇼나르가 테이블 위에 빵들을 올려놓는다)

MARCELLO (con sprezzo)
마르첼로   (무시하며)

Del pan?
빵

빵이야?

COLLINE (apre il cartoccio e ne estrae un'aringa che pure colloca sul tavolo)
콜리네   (종이봉투를 열어서 청어 한 마리를 꺼내서 테이블 위에 놓는다)

È un piatto degno di Demostene: un'aringa…
이다 요리, 접시 가치있는 데모스테네 청어

데모스테네가 받을 자격이 있는 요리 대령이요. 청어 한 마리…

＊**Demostene** : 아테네의 유명한 정치가이자 웅변가로 말더듬이였으며, 발음 문제를 해결하
고자 입에 돌을 넣고 연습을 한 것으로 유명하다. 콜리네는 쇼나르가 가져온 딱딱한 유럽식
빵을 데모스테네의 입 속에 넣은 돌로 비유한 것이고, 그 빵을 먹을 그들이 데모스테네이다.

SCHAUNARD …salata.
쇼나르   짠

짜군.

COLLINE Il pranzo è in tavola.
콜리네   점심식사 이다 테이블에

점심식사가 다 준비됐습니다.

(siedono a tavola, fingendo d'essere ad un lauto pranzo)
(콜리네의 모자를 테이블 위에 놓고 물 한 병을 그 안에 넣는다)

MARCELLO Questa è cuccagna da   Berlingaccio.
마르첼로   이것 이다 극락 ~로써 사육제의 마지막 목요일

이게 바로 사육제 마지막 목요일이 주는 기쁨이구만.

＊**풀이** : 사육제(카니발)의 마지막 목요일로, 기름진 것을 먹고 마시는 축제를 말한다.

SCHAUNARD (pone il cappello di Colline sul tavolo e vi colloca dentro una bottiglia d'ac-
쇼나르   qua)
                    (콜리네의 모자를 테이블 위에 놓고 물 한 병을 그 안에 넣는다)

Or lo sciampagna mettiamo in ghiaccio.
지금   샴페인   놓다 ~안에 얼음

자, 샴페인을 얼음 속에 넣어 놓고!

RODOLFO   (a Marcello, offrendogli del pane)
로돌포   (마르첼로에게 빵을 주면서)

Scelga,   o barone; trota o salmone?
선택하다   오! 남작   숭어 또는   연어

선택하시죠 남작님, 숭어인지 연어인지?

MARCELLO   (ringrazia, accetta, poi si rivolge a Schaunard e gli presenta un altro boccone
마르첼로   di pane)
            (감사를 표하면서 받아든다. 그리고 쇼나르 쪽으로 몸을 돌려 그에게 다른 빵 조각을
            내민다)

Duca, una lingua di pappagallo?
공작   혀   앵무새의

공작님, 앵무새 혀 좀 드셔보시겠소?

SCHAUNARD   (gentilmente rifiuta, si versa un bicchiere d'acqua poi lo passa a Marcello)
쇼나르   (정중히 거절하면서 물을 한 잔 따라서 마르첼로에게 건넨다)

Grazie, m'impingua.
감사   살찌게 만들다

고맙지만 사양하겠네. 살찐다구.

Stasera   ho un ballo.
오늘 저녁 가지고 있다   춤

오늘 저녁에 무도회가 있단 말일세.

(l'unico bicchiere passa da uno all'altro. Colline, che ha divorato in gran fretta la sua
pagnotta, si alza)
(유일한 잔을 다른 친구에게 건넨다. 자기의 빵을 게걸스럽게 먹어치운 콜리네가 일어선다)

RODOLFO   (a Colline)
로돌포   (콜리네에게)

Già sazio?
이미   배부른

벌써 배가 부른 거야?

COLLINE (con importanza e gravità)
콜리네   (중요하고 장엄하게)

Ho fretta.
급하다, 서둘러야 하다

볼 일이 급해서 말야.

Il re m'aspetta
왕 나를 기다리다

왕이 나를 기다린다구.

MARCELLO (premurosamente)
마르첼로   (주의 깊게)

C'è   qualche trama?
있다   몇몇의   주제

특별한 용무가 있는 거야?

RODOLFO Qualche mister?
로돌포   몇몇의   신비

아님, 뭔가 미스터리한 일이라도?

SCHAUNARD (si alza, si avvicina a Colline, e gli dice con curiosità comica)
쇼나르   (일어나서 콜리네에게 다가간다. 그리고 그에게 장난스럽게 궁금하다는 듯이 말한다)

Qualche mister?
몇몇의   신비

미스터리한 일이라도?

MARCELLO Qualche mister?
마르첼로   몇몇의   신비

미스터리한 일이라도?

*연출 노트 : 뭔가 신비하고 미스터리한 일이라는 것은 여자 만나러 가는 것이 아니냐는 놀림
이다. 즉, 콜리네가 여자 만나는 것을 mistero로 표현하면서 셋이 한 통속이 되어서 놀리는
것이다.

COLLINE   (passeggia pavoneggiandosi con aria di grande importanza)
콜리네   (매우 중요한 일인 듯한 분위기를 풍기며 으스대며 돌아다닌다)

Il re mi chiama al minister.
왕   나를 부르다   관청

왕이 나를 관청에 부른다네.

RODOLFO, SCHAUNARD E MARCELLO   (circondan Colline e gli fanno grandi inchini)
로돌포,   쇼나르와   마르첼로   (콜리네를 둘러싸고 그에게 무릎 꿇어 크게 절한다)

Bene!
좋아

잘 됐군!

COLLINE   (con aria di protezione)
콜리네   (방어하듯이)

Però… vedrò… Guizot!
하지만 보다   기조

하지만, 가서 기조를 만날 거라구!

 * **Guizot** : 프랑수아 피에르 기욤 기조, 역사가이자 프랑스의 정치인. 루이 필리프 1세 시대에
    내각 수반과 외무장관이 되었다. 즉, 중요한 인물을 만날 거라고 허풍 섞인 농담조로 말하는
    것이다.

SCHAUNARD   (a Marcello)
쇼나르   (마르첼로에게)

Porgimi il nappo.
내밀다   술잔

술잔이나 주시게.

MARCELLO   (gli dà l'unico bicchiere)
마르첼로   (그에게 유일한 잔을 내민다)

Sì, bevi, io pappo!
네   마시다 나는 먹다

그래, 마시게. 나는 먹네!

SCHAUNARD (solenne, sale su di una sedia e leva in alto il bicchiere)
쇼나르   (장엄하게 의자 위에 올라간다. 그리고 잔을 높이 들어올리며)

Mi sia permesso al nobile consesso…
나에게 허락하다   권위자들의 회의

나는 수뇌회의에 들어가도록 허락 받았지…

*연출 노트 : 콜리네가 기조를 만날 거라고 하니까, 자기는 수뇌회의에 들어갈 거라고 이야기
한다. 지금 다들 실제 이야기가 아니라 허풍을 떨며 놀고 있는 것이다.

RODOLFO E COLLINE (interrompendolo)
로돌포와   콜리네 (그의 말을 자르며)

Basta!
그만하다

이제 그만해!

MARCELLO Fiacco!
마르첼로   허약한

힘도 없는 게!

COLLINE Che   decotto!
콜리네   감탄한 푹 익은, 달여진

짜증스럽구만!

*풀이 : Che noia! 와 같은 표현으로 짜증스럽다는 뜻이다.

MARCELLO Leva   il tacco!
마르첼로   벗다   높은 굽(신발)

굽을 당장 벗도록!

*풀이 : 프랑스 귀족들이 더러운 파리 거리의 오물들을 피하기 위해서 신었던 하이힐을 이야
기한다. 귀족들의 전유물이자 상징으로 여겨졌다. 귀족인 척하지 말라는 것이다.

COLLINE (prendendo il bicchiere a Schaunard)
콜리네   (쇼나르에게서 잔을 뺏으며)

Dammi   il gotto!
나에게 주다   (손잡이가 달린 큰) 잔

잔 좀 건네 줘!

SCHAUNARD (ispirato)
쇼나르   (영감을 받아)

(fa cenno agli amici di lasciarlo continuare)
(친구들에게 자신이 계속할 수 있도록 놔두라는 눈치를 보낸다)

M'ispira   irresistibile l'estro <u>della romanza</u>!···
나를 고취하다 참을 수 없는   영감   로맨스의

나한테 저항할 수 없는 로맨스의 영감이 떠올랐어!

GLI ALTRI (urlando)
나머지   (고함치며)

No!
안 돼

안 돼!

＊**연출 노트** : 쇼나르의 제안이 끔찍히도 싫다는 듯이 해보자.

SCHAUNARD (arrendevole)
쇼나르   (고분고분하게)

Azione coreografica allora?···
 행동   동작법의   그럼

그럼 몸을 좀 움직여 볼까?(춤이나 좀 춰볼까?)

GLI ALTRI (applaudendo, circondano Schaunard e lo fanno scendere dalla sedia)
나머지   (박수치면서 쇼나르를 둘러싸고는 의자에서 끌어내린다)

Sì!···
그래

좋아!

SCHAUNARD La danza con musica vocale!
쇼나르 　　춤 　~와 　음악 　목소리의

노랫소리에 맞춰 춤추자고!

COLLINE Si sgombrino le sale…
콜리네 　　정리하다 　　응접실, 홀

자, 그럼 방을 좀 치우고…

(portano da un lato la tavola e le sedie e si dispongono a ballare)

(테이블과 의자를 한 쪽 구석으로 밀어놓고 춤추려고 자세를 잡는다)

COLLINE Gavotta.
콜리네 　　가보타

가보타

*풀이 : 사분의 사 박자로 된 프랑스의 춤.

MARCELLO (proponendo varie danze)
마르첼로 　　(여러 종류의 춤을 제안하면서)

Minuetto.
미뉴에트

미뉴에트

*풀이 : 사분의 삼 박자로 된 대중적인 프랑스의 춤.

RODOLFO Pavanella.
로돌포 　　파바넬라

파바넬라

*풀이 : 두 박자의 스페인 춤.

SCHAUNARD (marcando la danza spagnola)
쇼나르 　　(스페인 춤을 흉내내면서)

Fandango.
판당고

판당고

* 풀이 : 1600년도의 사분의 삼 박자로 된 스페인 춤.

COLLINE Propongo la quadriglia.   (gli altri approvano)
콜리네   제안하다   카드리유   (다들 제안을 받아들인다)

　　카드리유는 어때.

　　* 풀이 : 네 쌍의 남녀가 추는, 프랑스의 대중적인 춤.

RODOLFO (allegramente)
로돌포   (즐겁게)

　　Mano alle dame.
　　손   숙녀들에게

　　숙녀들에게 신청을.

　　* 풀이 : 손을 내미는 것은 춤을 신청하는 것을 의미한다.

COLLINE Io détto! (finge di essere in grandi faccende per disporre la quadriglia)
콜리네   나 지시하다 (뭔가 대단한 일을 하는 척하며 카드리유 대형을 만든다)

　　내가 대형을 만들게.

　　* 풀이 : 카드리유는 보통 두 줄의 대형이 서로 마주보고 춤을 추거나 사각형으로 서서 추는데,
　　그 대형을 만든다는 것이다.

SCHAUNARD (improvvisando, batte il tempo con grande, comica importanza)
쇼나르   (갑자기 거창하고 코믹스럽게 박자를 맞추기 시작한다)

　　Lallera, lallera, lallera, là.
　　랄라라   랄라라   랄라라   라

　　랄라라, 랄라라, 랄라라, 라

RODOLFO (si avvicina a Marcello, gli fa un grande inchino offrendogli la mano)
로돌포   (마르첼로에게 다가가서 장대히 무릎을 꿇고 손을 내민다)

　　Vezzosa damigella…
　　사랑스러운 소녀, 귀족의 딸

　　어여쁜 아가씨…

MARCELLO (con modestia, imitando la voce femminile)
마르첼로   (겸손하게, 여자의 목소리를 흉내내면서)

Rispetti la modestia.
존중하다   겸손, 절제

예의를 갖춰주세요.

(con voce naturale)
(원래 자신의 목소리로)

La   prego.
당신께   부탁하다

제발 부탁이에요.

SCHAUNARD Lallera, lallera, lallera, là.
쇼나르   랄라라   랄라라   랄라라   라

랄라라, 랄라라, 랄라라, 라.

COLLINE (dettando le figurazioni)
콜리네   (몸의 형상을 손으로 따라 그리며)

Balancez.
발란스

균형 좋고.

(Rodolfo e Marcello ballano la quadriglia)
(로돌포와 마르첼로는 카드리유를 춘다)

MARCELLO Lallera, lallera, lallera, là.
마르첼로   랄라라   랄라라   랄라라   라

랄라라, 랄라라, 랄라라, 라.

SCHAUNARD (provocante)
쇼나르   (도발적으로)

Prima c'è il rondò.
처음   있다   론도

론도 먼저 해야 돼.

* **풀이** : 론도는 대부분 알레그로의 템포로 되어 있는 경쾌한 느낌의 음악 형식이다.

* **연출 노트** : 춤만 추다 보니 심심해져서 친구들에게 장난을 거는 것이다. 4막은 계속해서 연기하는 듯한 과장된 행동을 해보자.

COLLINE   (provocante)
콜리네   (도발적으로)

> No,   bestia!!
> 아니다   짐승
>
> 아니야, 이 무식쟁이야!

* **풀이** : 짐승이라는 뜻을 가지고 있지만, 난폭하거나 우둔한 사람을 가리키기도 한다.

SCHAUNARD   (con disprezzo esagerato)
쇼나르   (과도하게 무시하는 투로)

> Che modi da lacchè! (Rodolfo e Marcello continuano a ballare)
> 감탄사 태도 ~로써   하인   (로돌포와 마르첼로는 계속해서 춤추고 있다)
>
> 매우 천박한 태도로군!

COLLINE   (offeso)
콜리네   (화가 나서)

> Se non erro, lei m'oltraggia.
> 만약 틀리지 않다 당신 나를 모욕하다
>
> 내 생각이 맞다면 당신은 나를 모욕했소!
>
> Snudi   il ferro.
> 빼내다 철(비유적: 칼)
>
> 칼을 뽑으시오.
>
> (corre al camino e afferra le molle)
> (난로로 가서 불쏘시개를 꺼내 든다)

SCHAUNARD   (prende la paletta del camino)
쇼나르   (난로의 재받이를 꺼내 든다)

Pronti.
준비

준비됐나.

(mettendosi in posizione per battersi)

(칼싸움 하는 포즈를 취한다)

Assaggia.
맛 보다

내 칼을 맛봐라.

Il tuo sangue io voglio ber.
너의   피   나는 원하다 마시다

너의 피를 마시고 싶구나.

COLLINE (fa altrettanto)
콜리네   (대꾸한다)

Uno di noi qui si sbudella.
한 명 우리 중 여기 창자가 나올 정도로 중상을 입다

둘 중에 하나는 창자가 다 튀어 나오겠군.

(Rodolfo e Marcello cessano dal ballare e si smascellano dalle risa)

(로돌포와 마르첼로는 춤추는 것을 멈추고 박장대소한다)

SCHAUNARD Apprestate una barella.
쇼나르   준비하다   들 것

들것이나 준비해 놓으라구.

COLLINE Apprestate un cimiter. (Schaunard e Colline si battono)
콜리네   준비하다   무덤   (쇼나르와 콜리네가 싸운다)

무덤이나 준비해 놓으시지.

RODOLFO E MARCELLO (allegramente)
로돌포와   마르첼로 (즐겁게)

Mentre incalza la tenzone, gira   e   balza Rigodone.
~동안   쫓다   전투, 싸움   돌다 그리고 점프하다   리고동

싸움이 계속되는 동안 우리는 돌고 뛰고 리고동을 추자구!

＊**리고동** : 남프랑스 프로방스에서 시작된 빠른 박자의 춤.

(ballano intorno ai duellanti, che fingono di essere sempre più inferociti)

(점점 더 분노가 커지는 듯 연기하며 칼싸움을 하고 있는 두 사람 옆에서 춤을 춘다)

(Si spalanca l'uscio ed entra Musetta in grande agitazione.)

(무제타가 문을 확 열어젖히며 흥분한 모습으로 들어선다.)

MARCELLO (scorgendola)
마르첼로   (무제타를 부축하며)

Musetta!
무제타

무제타!

MUSETTA (ansimante)
무제타   (헐떡거리며)

C'è Mimì⋯ (con viva ansietà attorniano Musetta)
있다 미미   (불안한 마음이 무제타를 감싼다)

미미가 있어요⋯

C'è Mimì che mi segue   e che sta male.
있다 미미   나를 따르다 그리고   아프다

미미가 나를 따라 왔어요, 그리고 아파요.

＊**연출 노트** : 무제타의 등장에 앞서서 계속해서 신나는 장면이 연출되었고, 극적인 전환을 강하게 하기 위해서 무제타가 황급히 뛰어 들어오면서 심각한 상황을 연출하는 것이다. 무제타는 계단을 뛰어올라오느라 매우 힘들어서 헐떡거리고 있다. 걱정과 두려움이 가득한 무제타를 리얼하게 표현해 보자.

RODOLFO Ov'è?
로돌포   어디 이다

어디?

MUSETTA Nel far le scale   più   non si resse.
무제타   하다   계단 더 이상   지탱하다

계단을 더 이상 올라오지 못하고 있어요.

(si vede, per l'uscio aperto, Mimì seduta sul più alto gradino della scala)

(열린 문으로 미미가 보이고, 그녀는 마지막 계단에 앉아 있다)

RODOLFO Ah!
로돌포   아

아!

(si precipita verso Mimì; Marcello accorre anche lui)

(미미에게 달려가고, 마르첼로도 그의 뒤를 따른다)

SCHAUNARD (a Colline)
쇼나르   (콜리네에게)

Noi   accostiam   quel lettuccio. (ambedue portano innanzi il letto)
우리 가까이 가져가다 그   작은 침대   (둘이서 침대를 옮긴다)

우리는 침대를 옮겨오자구.

RODOLFO (coll'aiuto di Marcello porta Mimì fino al letto)
로돌포   (마르첼로의 도움을 받아 미미를 침대까지 옮긴다)

Là.
저기

저기.

(agli amici, piano)
(친구들에게 조용히)

Da bere.
마실 것

마실 것 좀.

(Musetta accorre col bicchiere dell'acqua e ne dà un sorso a Mimì)

(무제타는 물잔을 가지고 달려와서 미미에게 한 모금 마시게 한다)

MIMÌ (con grande passione)
미미 (매우 열정적으로)

> Rodolfo!
> 로돌포
>
> 로돌포!

RODOLFO (adagia Mimì sul letto)
로돌포 (미미를 침대에 눕힌다)

> Zitta, riposa.
> 조용히 쉬다
>
> 조용히 하고, 쉬도록 해.

MIMÌ (abbraccia Rodolfo)
미미 (로돌포를 끌어안는다)

> O mio Rodolfo!
> 오 나의 로돌포
>
> 오 나의 로돌포!
>
> Mi vuoi qui con te?
> 나를 원하다 여기 ~함께 너
>
> 여기 당신과 함께 있어도 될까?

RODOLFO Ah! mia Mimì, sempre, sempre!
로돌포 아 나의 미미 항상 항상

> 아, 나의 미미, 언제나, 언제까지나!
>
> (persuade Mimì a sdraiarsi sul letto e stende su di lei la coperta, poi con grandi cure le accomoda il guanciale sotto la testa)
> (미미를 침대에 눕도록 설득하여 담요를 덮어주고 매우 조심스럽게 베개를 머리 아래에 놓아 준다)

MUSETTA (trae in disparte gli altri, e dice loro sottovoce)
무제타 (나머지들을 한쪽으로 데리고 가서 작은 목소리로)

Intesi   dire che Mimì, fuggita   dal viscontino, era in fin di vita.
의도하다 말하다   미미   도망치다 ~부터   자작   이다 끝 인생의

미미는 자작으로부터 도망쳐온 거예요. 그녀는 죽어 가고 있었어요.

Dove stia? Cerca, cerca··· la veggo passar per via trascinandosi a stento.
어디 있다   찾다   찾다 그녀를 보다 지나가다 길에서   몸을 질질 끌다   힘들게

어디 있을까? 찾아보고, 찾아보다가··· 힘들게 몸을 끌며 지나가는 그녀를 길에서 봤
어요.

Mi   dice: «Più non reggo···
나에게 말하다 더 이상 지탱할 수 없다

나한테 , "더 이상 버틸 수 없어요···

Muoio! lo   sento···
죽다   그것을 느끼다

죽을 거예요. 그걸 느껴요···

(agitandosi, senz'accorgersene alza la voce)
(목소리가 커지고 있다는 것을 느끼지 못하고 흥분해서)

Voglio morir con lui! Forse   m'aspetta···
원하다   죽다 ~함께 그   아마도 나를 기다리다

그의 곁에서 죽고 싶어요. 아마도 나를 기다릴 거예요···

M'accompagni, Musetta?···»
나를 데려다 주다   무제타

나를 데려다 주겠어요, 무제타?···"라고 말했어요.

*연출 노트 : 로돌포의 집에 도착하기 바로 전에 일어난 미미와의 만남은 굉장히 충격적이었
다. 아직도 그 충격에서 벗어나지 못하고, 스스로 죽어 가고 있으니 로돌포를 만나게 해달라
고 한 미미의 부탁이 그녀에게는 매우 슬픈 일이다. 흥분과 슬픔, 그로 인한 불안한 마음이
계속되는 무제타를 세심하게 표현해 보자.

MARCELLO (fa cenno di parlar piano e Musetta si porta a maggior distanza da Mimì)
마르첼로   (무제타에게 목소리를 낮추라고 눈치를 주며 미미에게서 최대한 멀리 떨어진다)

Sst.
쉿

쉿.

MIMÌ Mi sento assai meglio⋯ lascia ch'io guardi intorno.
미미 느끼다 매우 더 나은 내버려두다 보다 주변

훨씬 기분이 좋아졌어요⋯ 주위 좀 보게 해주세요.

(con dolce sorriso)

(부드러운 미소로)

Ah, come si sta bene qui!
아 얼마나 (지내기) 좋다 여기

아, 여기 있는 건 너무 좋군요!

＊**연출 노트** : 죽음을 목전에 둔 미미는 이미 모든 것을 초월한 듯한 마음이다. 스스로의 마지막
은 슬프거나 초라하지 않기를 바란다. 남겨질 로돌포에게도 마음의 짐이 되고 싶지 않다. 보
통은 미미가 죽어 가고 있다는 사실을 망각한 채 힘이 넘치는 소리로 노래를 하는데, 매우
옅은 미소를 보이며 행복한 얼굴을 했지만 죽어 가는 여인이라는 사실을 잊지 말자. 미미는
기력이 거의 없다.

Si rinasce, ancor sento la vita qui⋯
다시 태어나다 다시 느끼다 삶 여기

다시 태어나요. 생명이 다시 주어지는 게 느껴져요.

(alzandosi un poco e riabbracciando Rodolfo)

(조금 일어나서 로돌포를 다시 끌어안는다)

No! tu non mi lasci più!
안되다 당신 나를 놓아두지 않다 더 이상

안 돼요! 나를 더 이상 버려두지 말아요!

＊**연출 노트** : 그녀의 마지막 간절함은 로돌포의 곁에서 생을 마감하고 싶은 마음이다.

RODOLFO Benedetta bocca, tu ancor mi parli!
로돌포 축복받은 입 당신 아직도 나에게 말하다

축복 받은 입아, 너는 아직도 내게 말을 하는구나!

MUSETTA (da parte agli altri tre)
무제타 (다른 세 명이 있는 곳에서)

Che ci avete in casa?
무엇 여기 가지고 있다 집에

집에 뭐라도 있나요?

MARCELLO   Nulla!
마르첼로   전혀

아무것도 없어!

MUSETTA   Non caffè? Non vino?
무제타   없다 커피   없다 포도주

커피도, 포도주도 없나요?

MARCELLO   (con grande sconforto)
마르첼로   (크게 낙담하며)

Nulla! Ah! miseria!
전혀 없다 아   빈곤

아무것도 없어! 아! 이 가난!

SCHAUNARD   (osservata cautamente Mimì, tristemente a Colline, traendolo in disparte)
쇼나르   (조심스럽게 미미를 바라보다가 콜리네를 구석으로 데려가 슬픈 목소리로)

Fra mezz'ora è morta!
~후에 30분 후   죽다

반 시간이면 죽을 거야!

MIMÌ Ho   tanto freddo!···
미미 가지고 있다 많이 추위

너무 추워요!

Se avessi un manicotto! Queste mie mani riscaldare non si potranno mai?
만약 가지다   손토시   이 나의 손   덮히다   ~가 되다   전혀

(tossisce)
(기침한다)

손토시라도 있다면! 내 손은 절대 따뜻해질 수 없는 걸까?

RODOLFO (prende nelle sue le mani di Mimì riscaldandogliele)
로돌포　　(미미의 손을 잡아 따뜻하게 해준다)

Qui nelle mie! Taci!
여기　~안에　나의　조용히하다

여기 내 손으로 감싸줄게. 조용히 해봐.

Il parlar ti stanca.
말하는 것　너를　지치게하다

자꾸 말하면 지치게 되잖아.

MIMÌ Ho un po' di tosse!
미미　가지고 있다　조금　　기침

기침을 좀 하지만!

Ci sono avvezza.
그것　익숙해지다

익숙해진 걸요.

(vedendo gli amici di Rodolfo, li chiama per nome: essi accorrono premurosi presso di lei)
(로돌포의 친구들을 바라보며 한 명 한 명 이름을 부르고, 모두 그녀쪽으로 달려간다)

Buon giorno, Marcello, Schaunard, Musetta··· buon giorno.
안녕하세요, 좋은 아침　마르첼로　　쇼나르　　무제타　　안녕하세요

안녕하세요, 마르첼로, 쇼나르, 무제타··· 안녕하세요.

(sorridendo)
(미소지으며)

Tutti qui, tutti qui sorridenti a Mimì.
모두　여기　모두 여기　미소띤　미미에게

모두 여기 있네요, 모두 여기서 미미에게 미소를 짓고 있군요.

RODOLFO Non parlar, non parlar.
로돌포　　말하지 않다　　말하지 않다

말하지 마, 말하지 말라구.

＊**연출 노트** : 계속해서 얘기하는 미미를 매우 걱정하는 말투로 해보자.

MIMÌ Parlo piano, <u>non temere</u>, Marcello, <u>date retta</u>: è   assai buona Musetta.
미미   말하다 조용히   두려워 않다   마르첼로   듣다   이다 많이   착한   무제타

조용히 이야기할게요, 걱정 말아요. 마르첼로, 들어봐요, 무제타는 정말 착한 아가씨
예요.

(facendogli cenno di appressarsi)

(그에게 다가오라고 눈짓한다)

MARCELLO Lo   so,   lo   so.
마르첼로   그것을 알다 그것을 알다

알아요, 알지요.

(porge la mano a Musetta)

(무제타에게 손을 내민다)

(Schaunard e Musetta si allontanano tristemente: Schaunard siede al tavolo, col viso
fra le mani; Colline rimane pensieroso)

(쇼나르와 무제타는 슬픈 얼굴로 멀리 떨어진다. 쇼나르는 얼굴을 손으로 감싸고 테이블 위에 앉
는다. 콜리네는 근심에 잠긴다)

MUSETTA (conduce Marcello lontano da Mimì, si leva gli orecchini e glieli porge dicendo-
무제타   gli sottovoce)

(마르첼로를 미미에게서 멀리 데려와서, 귀걸이를 빼서 그에게 건네며 작은 소리로 말
한다)

<u>A te,</u>   vendi, riporta qualche cordial, manda un dottore!…
당신에게   팔다   가져오다   몇몇의   강장제   보내다   의사

가지고 가요. 팔아서 약을 좀 사와요 그리고 의사를 보내줘요…!

RODOLFO Riposa.
로돌포   쉬다

쉬도록 해.

MIMÌ Tu   <u>non mi lasci?</u>
미미   당신   나를 내버려두다

나를 두고 가지 않을 거죠?

RODOLFO No! No!
로돌포   아니다 아니다

아니, 아니!

(Mimì a poco a poco si assopisce, Rodolfo prende una scranna e siede presso al let-
to)

(미미는 점점 잠이 든다. 로돌포는 의자를 하나 가져와 침대 옆에 앉는다)

(Marcello fa per partire, Musetta lo arresta e lo conduce più lontano da Mimì)

(마르첼로가 나가려는 찰나, 무제타가 그를 불러서 미미에게서 더 멀리 떨어지며)

MUSETTA Ascolta!
무제타   듣다

저기!

* **풀이** : '내 말 좀 들어봐요'라는 표현이다. 하지만 한국말로는 '잠깐만요' 혹은 '저기요' 정도
가 자연스러운 표현이라고 할 수 있겠다. 무언가 이야기를 시작하려고 할 때 하는 말이다.

Forse   è l'ultima volta che <u>ha espresso</u> un desiderio, poveretta!
아마도 이다 마지막   번   표현하다   열망   불쌍한

아마도 저 불쌍한 여인이 마지막일 소원을 말한 걸 거예요.

Pe 'l manicotto io vo. Con te verrò.
~위해 손싸개   나는 가다 ~함께 당신 오다

나는 손토시를 가지러 가겠어요. 함께 나가요.

MARCELLO (commosso)
마르첼로   (감동되어)

Sei buona, o mia Musetta.
이다 착한   오 나의 무제타

당신은 정말 좋은 사람이야, 오 나의 무제타.

(Musetta e Marcello partono frettolosi)

(무제타와 마르첼로는 서둘러서 떠난다)

COLLINE (mentre Musetta e Marcello parlavano, si è levato il pastrano; con commozione
콜리네   crescente)

(무제타와 마르첼로가 말하고 있는 동안 감정이 점점 커져서는 외투를 벗는다)

Vecchia zimarra, senti, io resto al pian, tu ascendere il sacro monte or
오래된　외투　듣다 나는 남다 바닥에 당신 올라가다 신성한 산 또는

devi.
~야만 하다

낡은 외투야, 내 말 좀 들어보렴. 나는 이곳에 남아 있을 테지만 너는 지금 거룩한 산을 올라가야 해.

*풀이 : 거룩한 산은 성경에 나오는 갈보리 산을 말하며, 갈보리 Calvario 산은 예수가 십자가를 지고 오른 곳이다. 지금 자신의 외투가 그 갈보리산을 오른다는 의미로, 외투의 희생을 말한다. 콜리네는 미미를 돕기 위해 오랜 친구인 외투를 팔아서 돈을 마련해 올 생각이다.

Le mie grazie ricevi.
　　나의 감사 받다

나의 감사를 받으렴.

Mai non curvasti il logoro dorso ai ricchi ed ai potenti.
전혀 굽히지 않다 닳아빠진 등 부자들에게 그리고 권력자들에게

너는 부자들과 권력자들에게 네 너덜너덜한 등을 한 번도 굽히지 않았지.

*풀이 : 가난하고 초라해 보여도 절대 부와 권력에 굽신거리지 않았다는 뜻이다.

Passar nelle tue tasche come in antri tranquilli filosofi e poeti.
지나가다 ~안에 너의 주머니 ~처럼 (깊은)동굴 평온한 철학 그리고 시

동굴과 같은 너의 주머니에는 철학자들과 시인들이 스쳐갔지.

*풀이 : 그는 이 외투에 수많은 철학책들과 시집들을 넣고 다녔다.

Ora che i giorni lieti fuggir, ti dico: addio, fedele amico mio.
지금 날들 기쁜 도망치다 너에게 말하다 안영히 충실한 친구 나의

지금 기쁜 날들은 도망가는구나. 너에게 작별을 고한다, 충실한 나의 친구여.

Addio, addio.
　안녕 안녕

영원히, 안녕.

*연출 노트 : 다른 친구들에 비해서 묵직한 성격의 콜리네는 철학가스러운 모습이다. 어딘가 든든하고 진중한 모습이며, 투박하지만 꾸밈이 없는 느낌이기도 하다. 무제타의 마음 씀씀이에 감동한 콜리네는 자신도 무언가를 해주고 싶다는 마음에 하나뿐인 외투를 팔아서 돈을 마련하기 위해 외투를 벗어들고 작별을 고하고 있는 것이다. 콜리네다운 슬픔과 안타까운 마음을 녹여 넣어 보자.

COLLINE (fattone un involto, se lo pone sotto il braccio, ma vedendo Schaunard, si avvici-
콜리네   na a lui, gli batte una spalla dicendogli tristemente)

(외투를 말아서 팔에 끼다가 쇼나르를 보고는 그에게 가서 어깨를 치면서 슬픈 목소리로
말한다)

Schaunard, ognuno per diversa via
　쇼나르　　　각자　~향해　다른　길

쇼나르, 각자가 할 수 있는 대로

(Schaunard alza il capo.)

(쇼나르가 머리를 든다)

mettiamo insiem due atti di pietà; io··· questo!
　놓다　　함께　둘 행동　자비　나는　이것

함께 자비를 베풀자고, 나는··· 이걸로!

(gli mostra la zimarra che tiene sotto il braccio)

(그에게 팔에 끼고 있는 외투를 보여준다)

E   tu···
그리고 당신

그리고 넌···

(accennandogli Rodolfo chino su Mimì addormentata)

(잠든 미미 곁에 무릎 꿇고 있는 로돌포를 그에게 가리키며)

lasciali   soli là!···
내버려 두다 홀로 저기

저 둘만 남게 해주라구···!

SCHAUNARD (commosso)
　쇼나르　　（마음이 뭉클해서）

(si leva in piedi)

(일어선다)

Filosofo, ragioni!
　철학자　　이유

철학자 씨, 네 말이 옳아.

(guardando verso il letto)

(침대 쪽을 바라보며)

È   ver!··· Vo via!
이다 사실   가버리다

그렇군!··· 비켜줄게!

(si guarda intorno, e per giustificare la sua partenza prende la bottiglia dell'acqua e scende dietro Colline chiudendo con precauzione l'uscio)

(주변을 둘러본 후 자신이 나가는 것을 알리려고 물병을 집어들고 문을 조심히 닫은 후에 콜리네 뒤를 따라 내려간다)

(apre gli occhi, vede che sono tutti partiti e allunga la mano verso Rodolfo, che gliela bacia amorosamente)

(눈을 뜨고 모두가 떠난 것을 확인하고 로돌포에게 팔을 뻗는다. 로돌포는 그녀에게 사랑을 담아 키스한다)

Mɪᴍ̀ɪ Sono andati? Fingevo di dormire perché volli con   te sola restare.
미미   가다   ~척하다   자다   왜냐하면 원하다 ~함께 당신 홀로   남다

다들 갔나요? 당신이랑 둘만 있고 싶어서 자는 척하고 있었어요.

Ho   tante cose che ti   voglio dire,
가지고 있다 많은 것들   당신에게 원하다 말하다

당신에게 하고 싶은 말이 많아요.

o   una sola, ma grande come il mare,
또는 하나 단 하지만   큰   ~처럼   바다

아니, 그냥 한 가지만. 하지만 바다처럼 큰 말이죠.

come il mare profonda ed infinita···
 ~처럼   바다   깊은   그리고 끝없는

깊고 끝이 없는 바다 같은···

(mette le braccia al collo di Rodolfo)

(로돌포의 목을 끌어안으며)

Sei il mio amore e   tutta la mia vita!
이다 나의   사랑 그리고 모두   나의 인생

당신은 내 사랑이고 내 일생이에요!

* 풀이 : 이탈리아어에서 vita는 인생, 삶 말고도 생명, 목숨을 의미하기도 한다.

* **연출 노트** : 미미는 마지막으로 자신이 얼마나 로돌포를 사랑했는지 말하고 싶었을 것이다. 곧 죽음의 강을 건널 그녀가 마지막으로 사랑하는 연인을 죽을 힘을 다해 찾아왔다. 그리고 그녀는 '당신의 나의 사랑이에요. 그리고 내 모든 인생이에요'라고 말하고 있다. 둑이 터지 듯 쏟아져 나오는 푸치니의 음악에 맞춰 사그라져 가는 미미의 간절한 사랑을 표현해 보자.

RODOLFO Ah, Mimì, mia bella Mimì!
로돌포　　아　미미　나의 아름다운 미미

아, 미미, 나의 아름다운 미미!

* **연출 노트** : 터질 듯한 사랑의 외침의 기저에는 아픈 연인을 끌어안고 가슴 아파하는 남자가 있다.

MIMÌ (lascia cadere le braccia)
미미　　(팔을 떨어트리며)

Son bella ancora?
이다 아름다운　아직

나 아직도 예쁜가요?

RODOLFO Bella come un'aurora.
로돌포　아름다운 ~처럼　오로라

오로라처럼 예쁘지.

MIMÌ Hai sbagliato il raffronto.
미미　　틀리다　　　비교

비교가 틀렸어요.

Volevi dir: bella come un tramonto.
원하다　말하다 아름다운 ~처럼　　석양

석양처럼 아름답다고 말해야죠.

* 풀이 : 밝고 화사하게 빛나는 오로라가 아니라, 지고 있는 석양으로써 꺼져 가는 불빛같은 자신을 나타낸다.

«Mi chiamano Mimì. Mi chiamano Mimì, il perché non so…».
"사람들은 나를 미미라고 불러요. 다들 나를 미미라고 부르죠. 그 이유는 모르겠어요…"

* **연출 노트** : 옛날을 회상하는 듯 이야기를 꺼낸다. 두 번째의 Mi chiamano Mim는 더 사그라든 목소리로 왠지 모를 슬픔이 느껴지게 해보자. 그리고 다시 il perch non so를 옅은 미소를 지으며 해보자. 세 마디의 느낌을 모두 다르게 하면 훨씬 고급스러운 표현이 될 것이다.

RODOLFO (intenerito e carezzevole)
로돌포   (사랑스럽다는 듯 어루만지며)

Tornò al nido la rondine e   cinguetta.
돌아가다 둥지로   제비 그리고 짹짹거리다

제비가 둥지로 돌아와 지저귀네.

*풀이 : 제비는 미미를 가리킨다.

(si leva di dove l'aveva riposta, sul cuore, la cuffietta di Mimì e gliela porge)
(가슴에 넣어 두었던 미미의 본네트를 꺼내서 그녀에게 내민다)

MIMÌ (gaiamente)
미미   (기뻐서)

La mia cuffietta! La mia cuffietta… Ah!
나의   본네트   나의   본네트   아

내 본네트! 내 본네트군요… 아!

*연출 노트 : 이 장면의 매우 기뻐하는 모습에서, 갑자기 모든 병을 물리치고 살아나는 것처럼 잘못된 연기를 하는 것을 종종 본다. 미미는 죽어 가고 있다는 것을 잊어서는 안 된다. 매우 기뻐하는 미미의 모습이 보이지만, 목소리가 절대로 우렁차서는 안 된다. 아픈 사람이 아픈 목소리로 흥분한 모습을 표현해 보자.

(tende a Rodolfo la testa, questi le mette la cuffietta. Mimì fa sedere presso a lei Rodolfo e rimane co' la testa appoggiata sul petto di lui)
(로돌포에게 머리를 내밀고, 그는 그녀의 머리에 본네트를 씌운다. 미미는 자신의 옆에 로돌포를 앉도록 하고, 그의 가슴에 머리를 기댄다)

Te lo rammenti quando sono entrata la prima volta, là?
그것을 세세히 기억하다 ~때   들어오다   첫 번 저기

내가 저 문으로 처음 들어왔을 때를 다 기억하나요?

RODOLFO Se lo rammento!
로돌포   그것을 기억하다

그럼 다 기억하지!

MIMÌ Il lume si era spento…
미미   등.불   꺼지다

등이 꺼졌었죠…

RODOLFO Eri tanto turbata!
로돌포   이다 많이 당황한

당신은 굉장히 당황스러워 보였지!

Poi   smarristi la chiave…
그리고 잃어버리다   열쇠를

그리곤 열쇠를 잃어버렸어…

MIMÌ E a cercarla tastoni ti sei messo!…
미미 그리고 찾으려고   손더듬   자세를 잡다

당신은 열쇠를 찾으려고 손을 더듬거렸죠…!

RODOLFO …e   cerca, cerca…
로돌포   그리고 찾다   찾다

그리고 찾고, 또 찾고…

* **연출 노트** : 첫 만남의 추억을 떠올리면서 즐겁고 다소 흥분된 모습이다. 마치 서로가 더 많은
것을 기억하는 것처럼 즐거운 듯 앞다투어 이야기해 보자.

MIMÌ Mio bel signorino, posso ben dirlo adesso: lei   la trovò assai
미미   나의 멋진 젊은 신사 ~수 있다 잘 말하다 지금 그녀는 열쇠를 찾다 매우

presto…
빨리

나의 멋진 신사님, 이제는 얘기할 수 있어요. 그녀는 일찍이 열쇠를 찾아냈었죠…

* **연출 노트** : 신나서 이야기하던 미미는 슬슬 다시 기운을 잃는다.

RODOLFO Aiutavo il destino…
로돌포   돕다   운명을

나는 운명을 돕고 있었지…

MIMÌ (ricordando l'incontro suo con Rodolfo la sera della vigilia di Natale)
미미   (크리스마스 이브 저녁의 로돌포와의 만남을 떠올리며)

Era buio;   e il mio rossor <u>non si vedeva</u>… (sussurra le parole di Rodolfo)
이다 어두운 그리고 나의   붉은   보이지 않다   (로돌포의 말을 중얼거린다)

어두웠고, 내 붉어진 얼굴은 보이지 않았죠…

«Che gelida manina… se la lasci riscaldar!…»
"오, 차디찬 손… 내가 따뜻하게 해드릴 수 있을까요…!"

＊**연출 노트** : 이미 지쳐 가고 있는 미미는 겨우겨우 이야기하고 있다는 걸 명심하자.

Era buio   e la man tu <u>mi prendevi</u>…
이다 어두운 그리고 손 당신 나를 잡다

어두웠고 당신을 내 손을 잡았죠…

＊**연출 노트** : 더 작은 소리로 더 이상 말을 이어갈 수 없을 듯이 해보자.

(Mimì è presa da uno spasimo di soffocazione e lascia ricadere il capo, sfinita)
(미미는 호흡이 곤란해져서 고통스러워하며 머리를 다시 떨어뜨린다. 매우 지쳤다)

RODOLFO (spaventato, la sorregge)
로돌포   (겁에 질려서 그녀를 지탱해준다)

Oh dio! Mimì!
오 하나님 미미

오 하나님! 미미!

(in questo momento Schaunard ritorna: al grido di Rodolfo accorre presso Mimì)
(이때 쇼나르가 돌아온다. 로돌포의 비명을 듣고 미미 쪽으로 달려간다)

SCHAUNARD Che avvien?
쇼나르   무슨 발생하다

무슨 일이야?

Mimì (apre gli occhi e sorride per rassicurare Rodolfo e Schaunard)
미미　(눈을 뜨고 로돌포와 쇼나르를 안심시키기 위해 미소짓는다)

> **Nulla. Sto bene.**
> 전혀　지내다　잘
>
> 아무것도 아니에요. 괜찮아요.

Rodolfo (la adagia sul cuscino)
로돌포　(그녀를 베개 위에 잘 눕힌다)

> **Zitta, <u>per carità</u>.**
> 조용히　　제발
>
> 제발, 말을 하지 말아줘.

Mimì Sì, sì, perdona, ora sarò buona.
미미　네 네　용서하다　지금 이다　착한

> 네, 네, 용서하세요. 이제 말 잘 들을게요.

> **(Musetta e Marcello entrano cautamente, Musetta porta un manicotto e Marcello una boccetta)**
> (무제타와 마르첼로는 조심스럽게 들어온다. 무제타는 손토시를, 마르첼로는 작은 병을 들고 있다)

Musetta (a Rodolfo)
무제타　(로돌포에게)

> **Dorme?**
> 자다
>
> 잠들었나요?

Rodolfo (avvicinandosi a Marcello)
로돌포　(마르첼로에게 가까이 다가서며)

> **Riposa.**
> 쉬다
>
> 쉬고 있어요.

MARCELLO Ho veduto il dottore!
마르첼로   보다   의사

의사를 만났고 왔어!

Verrà; gli ho fatto fretta. Ecco il cordial.
오다   그에게   하다   서둘러서 여기 있다 강장제

올 거야, 서두르라고 재촉했거든. 여기 약을 받아.

(prende una lampada a spirito, la pone sulla tavola e l'accende)
(알코올램프를 하나 가져다가 테이블 위에 올려 놓고 불을 켠다)

MIMÌ Chi parla?
미미   누구   말하다

누가 말하고 있나요?

MUSETTA (si avvicina a Mimì e le porge il manicotto)
무제타   (미미에게 다가가서 손토시를 내민다)

Io, Musetta.
나   무제타

나예요, 무제타.

MIMÌ (aiutata da Musetta si rizza sul letto, e con gioia quasi infantile prende il manicotto)
미미   (무제타의 도움을 받아 침대에 기대어 앉는다. 그리고 아이처럼 좋아하며 손토시를 받아든다)

Oh, come è bello e morbido! Non più le mani allividite.
오 얼마나 이다 예쁜 그리고 부드러운 더 이상 아니다 손   창백해진

Il tepore le abbellirà…
열기   손을 아름답게 하다

오, 세상에 너무 예쁘고 부드러워요! 더 이상 손이 창백하지 않겠군요. 이 열기가 손을 예쁘게 해줄 거예요…

(a Rodolfo)
(로돌포에게)

Sei tu che me lo doni?
이다 당신   나에게 그것을 주다

당신이 나에게 선물하는 건가요?

*연출 노트 : 이제 미미는 힘이 없어서 눈도 겨우 뜨는 정도라면 좋을 것이다. 이제 그녀의 생명은 거의 다 꺼졌다. 실감나게 표현해 보자.

MUSETTA (pronta)
무제타   (준비한 듯)

> **Sì.**
> 네
>
> 맞아요.

MIMÌ (stende una mano a Rodolfo)
미미   (로돌포에게 손을 뻗는다)

> **Tu, spensierato!**
> 당신   생각이 없는
>
> 당신, 생각 없기는!
>
> **Grazie. Ma   costerà.**
> 고맙다   하지만   가격이 나가다
>
> 고마워요. 하지만 비쌀 텐데요.
>
> **(Rodolfo scoppia in pianto)**
> (로돌포의 울음이 터진다)

*연출 노트 : 아무것도 해줄 수 없어서 괴로웠던 로돌포의 참고 있던 울음이 터졌다. 소리내서 울 정도로 격해져 있다.

> **Piangi? Sto bene···**
> 울다 지내다 잘
>
> 울어요? 난 괜찮아요···
>
> **Pianger così, perché?**
> 울다   이렇게   왜
>
> 왜 그렇게 우는 거예요?

*연출 노트 : 이유를 모르는 미미는 '왜 그렇게나 많이(격하게) 우냐'고 묻는 것이다. 걱정스러운 말투로 부드럽게 해보자.

(mette le mani nel manicotto, si assopisce inclinando graziosamente la testa sul ma-
nicotto in atto di dormire)

(손토시에 손을 넣고 자려는 듯 손토시 위로 머리를 부드럽게 기대며 잠이 든다)

Qui··· amor··· sempre con te!
여기 사랑 항상 ~함께 당신

여기··· 내 사랑··· 당신과 항상 함께 있어요!

Le mani··· al caldo··· e··· dormire.
손 따뜻한 곳에 그리고 자다

손이··· 따뜻해요··· 그리고··· 잘게요.

* **풀이** : 손이 따뜻하다고 하는 마지막 한마디는 1막에서 로돌포가 불렀던 'Che gelida
manina'와 연결되어 있다. 그녀의 차가운 손을 따뜻하게 해주고자 했던 로돌포. 하지만 늘
차갑기만 했던 미미의 손은 이제야 따뜻하다. 혼자서 살아왔던 미미는 영혼을 다해 사랑했
던 로돌포와 따뜻한 친구들 사이에서 외롭지 않게 눈을 감는 것이다.

* **연출 노트** : 이 부분은 거친 숨을 몰아쉬며 모든 단어를 끊어가며 표현해 보자. 마지막 숨에
실은 마지막 말들이다. 이제는 모든 고통에서 벗어나 평안한 곳으로 행복한 마음을 안고 떠
나는 미미를 표현해 보자. 슬프지 않게, 행복하게, 그리고 평안하게 잠든다.

(silenzio)

(적막)

RODOLFO (rassicurato nel vedere che Mimì si è addormentata, cautamente si allontana da
로돌포 essa e fatto un cenno agli altri di non far rumore, si avvicina a Marcello)

(미미가 잠든 것을 확인하고 조심스럽게 그녀에게서 떨어져 나와 친구들에게 조용히 하
라고 눈짓한다. 마르첼로에게 다가간다)

Che ha detto il medico?
무슨 말하다 의사

의사가 뭐라고 했다구?

MARCELLO Verrà.
마르첼로 오다

올 거라고.

(Rodolfo, Marcello e Schaunard parlano assai sottovoce fra di loro; di tanto in tanto
Rodolfo fa qualche passo verso il letto, sorvegliando Mimì, poi ritorna verso gli amici)

(로돌포, 마르첼로, 그리고 쇼나르는 자기들끼리 매우 작은 소리로 이야기한다. 로돌포가 침대로
다가가 미미를 유심히 보고는 친구들에게 다시 돌아간다)

MUSETTA (fa scaldare la medicina portata da Marcello sul fornello a spirito, e quasi incon-
무제타   sciamente mormora una preghiera)

(작은 곤로 위에 마르첼로가 가져온 약을 데우고 거의 정신없이 기도를 중얼거린다)

Madonna benedetta, fate la grazia a questa poveretta che non debba
　성모　　축복 받은　하다　은혜　~에게　이　불쌍한　　　~면 안된다

morire.
　죽다

축복 받은 성모시여, 이 불쌍한 여인에게 은혜를 베푸소서, 그녀는 죽으면 안 됩니다.

(interrompendosi, a Marcello)

(기도를 멈추고 마르첼로에게)

Qui ci vuole un riparo perché la fiamma sventola.
여기　필요하다　바람막이　왜냐하면　불꽃　흔들리다

불꽃이 흔들려서 여기에 바람막이가 필요해요.

(Marcello si avvicina e mette un libro ritto sulla tavola formando paravento alla lam-
pada)

(마르첼로는 다가가서 책 한 권을 세로로 테이블에 등의 바람막이로 올려 놓는다)

MUSETTA Così. (ripiglia la preghiera)
무제타　이렇게 (다시 기도를 시작한다)

자, 이렇게.

E   che possa guarire.
그리고　~수 있다　치료되다

그리고 그녀를 낫게 하시고.

Madonna santa,　io sono indegna di perdono, mentre invece Mimì è
　성모　　성스러운　나는　이다　부적합한　용서　반면에　반면에　미미　이다

un angelo del cielo.
　천사　하늘의

거룩한 성모시여, 저는 용서 받을 수 없는 사람이지만, 미미는 하늘의 천사랍니다.

(mentre Musetta prega, Rodolfo le si è avvicinato)

(무제타가 기도하는 동안 로돌포가 그녀에게 다가갔다)

***연출 노트** : 다소 다급한 마음으로 간절하게 기도하고 있는 무제타를 표현해 보자.

RODOLFO Io   spero ancora. Vi   pare che sia grave?
로돌포   나는 소망하다 다시 너희에게 ~인 것 같다 이다 위중한

나는 아직 희망을 가지고 있어. 너희들 보기에는 위중한 것 같아?

MUSETTA Non credo.
무제타   생각지 않다

아니요, 그렇지 않아요.

SCHAUNARD (con voce strozzata)
쇼나르   (목메인 소리로)

(camminando sulla punta dei piedi va ad osservare Mimì, fa un gesto di dolore e ritorna presso Marcello)

(발꿈치를 들고 미미를 관찰하기 위해 걸어간다. 그리고 고통스러워하는 몸짓으로 마르첼로에게 가서)

Marcello, è spirata…
마르첼로   숨지다

마르첼로, 숨을 거뒀어…

(intanto Rodolfo si è avveduto che il sole della finestra della soffitta sta per battere sul volto di Mimì e cerca intorno come porvi riparo; Musetta se ne avvede e gli indica la sua mantiglia, sale su di una sedia e studia il modo di distenderla sulla finestra; Marcello si avvicina a sua volta al letto e se ne scosta atterrito; intanto entra Colline che depone del danaro sulla tavola presso a Musetta)

(그 사이 로돌포는 다락방의 창을 통해 들어오는 햇살이 미미의 얼굴을 비추려 하자 빛을 가릴 것을 주변에서 찾고 있다. 무제타는 그것을 보고 로돌포에게 그녀의 망토를 가리킨다. 그는 의자 위에 올라서서 창문 위에 망토를 걸어 놓을 방법을 찾는다. 마르첼로는 침대로 다가갔다가 창백한 얼굴로 떨어진다. 그 사이에 콜리네가 들어와서 무제타가 있는 테이블 위에 돈을 올려 놓는다)

COLLINE Musetta, a voi!
콜리네   무제타   당신에게

무제타, 받아요.

(poi visto Rodolfo che solo non riesce a collocare la mantiglia corre ad aiutarlo chiedendogli di Mimì)

(망토를 걸지 못하고 있는 로돌포를 보고 그를 도우려고 달려가서 미미에 대해서 묻는다)

Come va?…
어떻게 가다

좀 어때…?

RODOLFO Vedi?… È tranquilla.
로돌포   보다   이다   평안한

봐, 평안해졌어.

(si volge verso Mimì, in quel mentre Musetta gli fa cenno che la medicina è pronta, scende dalla scranna, ma nell'accorrere presso Musetta si accorge dello strano contegno di Marcello e Schaunard; con voce strozzata dallo sgomento)

(무제타가 약이 다 준비되었다고 눈짓하자 미미를 바라본다. 의자에서 내려와서 무제타에게 가는 도중 마르첼로와 쇼나르가 그녀에게 이상한 눈치를 보내는 것을 눈치챈 로돌포가 대경실색하여 목메는 소리로)

Che vuol dire quell'andare e venire, quel guardarmi così…
무엇   뜻하다   그   가다 그리고 오다   그   나를 보다   그렇게

그 오가는 눈빛은 뭐지? 날 그렇게 바라보는 의미가 뭐야…

* **연출 노트** : 두 호흡으로 나누어서, 쉼표 전까지는 거칠게 내쉬는 호흡으로 한 번에 대사를 연결해서 하고, 마지막 부분은 빠르게 목소리가 격앙되면서 소리쳐 보자.

MARCELLO (non regge più, corre a Rodolfo e abbracciandolo con voce angosciata grida)
마르첼로   (더 이상 못 참고 로돌포에게 달려가서 그를 끌어안고 불안한 목소리로 외치며)

Coraggio!
용기

힘 내!

RODOLFO
로돌포

(Piangendo si precipita al letto di Mimì, la solleva e scotendola grida co' la massima disperazione)

(울며 미미의 침대로 몸을 무너트린다. 그리고 엄청난 절망에 빠져 그녀를 흔들며 들어올린다)

Mimì··· Mimì!···
미미   미미

미미··· 미미 ···

＊**연출 노트** : 이 부분에서 관객을 울리는 것이 테너가 가진 마지막 숙제이다. 돌아서보니 작별 인사도 없이 떠난 연인을 외쳐 부르는 로돌포의 절규를 담아보자.

(si getta sul corpo esanime di Mimì)

(미미의 축 쳐진 몸 위로 자신의 몸을 던진다)

(Musetta, spaventata corre al letto, getta un grido angoscioso, buttandosi ginocchioni e piangente ai piedi di Mimì dalla parte opposta di Rodolfo; Schaunard si abbandona accasciato su di una sedia a sinistra della scena; Colline va ai piedi del letto, rimanendo atterrito per la rapidità della catastrofe; Marcello singhiozza, volgendo lespalle al proscenio)

(충격에 빠진 무제타는 침대로 달려와 고통스러운 비명을 지르며 로돌포의 반대편에 있는 미미의 발 아래에 오열하며 무릎을 꿇는다. 쇼나르는 기력없는 표정으로 장면의 왼쪽에 있는 의자에 앉아 있다. 콜리네는 이렇게나 빠르게 찾아온 대단원의 막에 고통스러워하며 침대 다리 쪽으로 가고, 마르첼로는 무대 앞쪽으로 등을 돌린 채 흐느낀다)

작가의 말

라 보엠은 제가 개인적으로 가장 좋아하는 이탈리아의 작곡가 자코모 푸치니의 오페라입니다. 19세기 말에 태어나서 21세기인 지금까지 전 세계인의 사랑을 받고 있는 오페라입니다. 남녀간의 사랑이라는 주술적인 단어에 한에서는 자코모 푸치니만한 인물이 또 있을까 싶습니다.

푸치니가 살았던 삶은 늘 사랑에 목마른 이리 같은 삶이었다고 해도 과언이 아닙니다. 단지 사랑의 유희를 즐겼다기보다는 진짜 '사랑하는 것'을 사랑했던 음유시인이 아니었을까 싶습니다. 수많은 스캔들 때문에 평탄치 못한 삶을 살았지만, 자신의 오페라 속에 녹여 넣은 사랑의 이야기들에서는 그의 진심이 느껴집니다. 그것을 너무나 생생하게 오선지에 옮겨 놓은 그의 마법과 같은 음악은 아직까지도 전세계 오페라 팬들을 사로잡고 있고, 특히 〈라 보엠〉이 주는 감성의 터치는 오랜 시간 여운을 남깁니다. 그래서 제 감성을 가장 강렬하게 건드린 푸치니의 오페라 라 보엠으로 〈오페라 연기노트 시리즈〉를 시작하게 된 것입니다.

이 시리즈는 제가 이탈리아에서 오페라 연출가로 활동하면서, 또 오페라 아카데미를 운영하면서 절대적인 필요를 느껴서 집필하게 되었습니다. 오페라를 공부한다는 것은 타국의 언어로 그 나라의 문화와 감성, 그리고 역사까지 알아야 하는 매우 어려운 작업입니다. 단지 단어 뜻만을 알아서는 오페라의 묘미를 살릴 수가 없습니다. 단어의 뜻을 알고, 문맥 속의 단어가 의미하는 바를 알아야 하는 것은 기본이며, 이제 그 문장의 문자적인 뜻이 뭔지를 알았다면 마지막 숙제는 왜 그 말을 하는지 의도를 알아야 하는 것입니다. 누구에게 이야기하는 것인지, 상대방이 무슨 말을 했고 내 반응은 어때야 하는지도 알아야 합니다. 그래서 이탈리아에서 한국 학생들을 가르치는 마에스트로들이 자주 하는 말이 있습니다.

"아리아를 잘 부른다고 해서 오페라를 할 수 있는 것은 절대 아니다."

다시 말해서, 오페라는 아리아만 부르는 콘서트와는 매우 다릅니다. 극에 대한 이해가 없고 완벽한 준비가 없다면, 상대 배역과 오케스트라까지 신경쓰면서 역할을 완벽하게 소화해 낼 수 없다는 이야기지요. 자신이 공연하는 오페라에 대한 지식이 깊지 않으면 연출가의 요청에 따라 단지 꼭두각시처럼 움직일 수밖에 없습니다. 하지만 오페라를 완벽하게 이해하고 있다면 연출자에게 더 좋은 아이디어를 줄 수도 있고, 자신만의 캐릭터를 만들어 갈 수도 있을 것입니다. 더 중요한 것은 약 3시간 전후 가량을 계속 노래하고 연기해야 하는 초고도의 집중력이 필요한 싸움이라는 겁니다. 지피지기해도 힘든데, 적을 모르고 자신만 아는 자세로는 에너지 소모도 올라가게 되어 있습니다. 물론 오페라에는 이 외에도 수많은 요소들이 있습니다. 그 모든 것을 다 알려면 많은 공연을 해보는 것 외에는 대안이 없습니다. 그러기 위해서는 오페라의 내용을 정확하게 파악하고 음악성을 완벽하게 갖추는 작업이 선행되어야겠지요.

오페라는 매우 다양한 언어로 쓰여져 있지만, 그 중에서 가장 많은 비율을 차지하는 것이 이탈리아어, 독일어, 프랑스어 순인 것 같습니다. 오페라계의 거장 베르디와 그의 적장자로서 자신만의 음악 세계를 완벽하게 구축했던 푸치니, 그리고 더 앞선 시대에 보석 같은 오페라들을 써냈던 도니제띠, 벨리니, 페르골레지, 그리고 이탈리아의 해학을 사랑하여 이탈리아어로 유명 오페라들을 남긴 모짜르트까지. 그 외에도 마스카니, 레온카발로, 죠르다노 등 수많은 뛰어난 작곡가들의 작품들이 존재합니다.

저는 독일어와 프랑스어는 공부하지 못했기 때문에 이들 언어로 만들어진 오페라는 분석집을 집필하거나 연출을 시도한다는 것은 생각지도 못합니다. 연출자가 극의 내용을 뼛속까지 이해하지 못하고 극을 올리는 것은 관객을 기만하는 행위라고 생각합니다. 마찬가지로, 오페라에 임하는 가수들의 마음가짐도 같아야 하지 않을까요? 정확한 이해 없이 소리만 잘 내는 것이나, 대략만 아는 내용으로 무대를 만드는 것은 관객들에 대한 눈속임이 아닐까 생각합니다. 제가 매우 극단적인 표현을 쓰긴 했지만, 사랑하는 오페라와 그를 위해 꿈과 열정을 가지고 달리시는 분들을 위한, 부족한 저의 진심어린 걱정이라고 생각해 주시면 감사하겠습니다.

공연을 준비하는 가수들이 이 모든 것을 스스로 다 공부한다는 것은 현실적으로 매우 벅찬 일일 것입니다. 그래서 이 책에서는 오페라의 전체적인 스토리, 캐릭터의 이해, 텍스트 분석, 장면 해석 등을 통해서 가수들에게 표현의 깊이를 열어드리고자 했습니다. 또한 이는 오페라를 감상하는 관객들을 위한 것이기도 합니다. 오페라는 저같이 오랜시간 동안 언어를 공부해 온 사람도 이해하기가 어렵습니다. 이탈리아 인들조차 숨은 뜻을 다 이해하지 못하기 때문에 〈연기노트〉를 내는 것이 결코 쉬운 작업은 아니었습니다. 오페라를 가르치는 마에스트로들의 도움이 없었다면 완성도 높은 분석집을 내지 못했을 것입니다. 라 보엠을 분석하는 데 도움 주신 마에스트로 풀비오 보테가(Fulvio Bottega)에게 감사드립니다.

덧붙이고 싶은 말은, 저는 이 책이 교과서가 되는 것은 원치 않습니다. 이 책은 참고서일 뿐입니다. 여러분들의 예술적 감성을 열고 표현하는 데 도움이 되는 것으로 만족하고 싶습니다. 부디 열린 마음으로 이 〈연기노트〉를 바라봐 주기를 바랍니다. 부족하나마 저의 작은 노력을 바탕으로 더욱 더 다양한 오페라 분석집들이 출간되어, 조금이나마 오페라 시장의 발전에 기여할 수 있기를 소망하며, 라 보엠으로 이 긴 행보를 시작해 봅니다.

가난 속에서도 믿음의 유산을 풍성히 물려주셔서 멋지게 살게 해주신 부모님, 주야로 늘 응원과 기도의 후원을 아끼지 않으시는 제 멘토 이동훈 담임목사님, 기도해주고 응원해주는 사랑하는 믿음의 동역자들, 출판을 지지하고 도와주신 김시열 대표님, 그리고 제 마음속에 이름이 새겨진 모든 분들에게 감사드립니다.

무엇보다 크신 은혜로 살아가게 하시는 하나님께 감사와 영광 올려드립니다.

이탈리아 밀라노에서
이동미 씀

이동미

20대 초반이던 2000년, 공연과 패션쇼에 관심을 가지고 이탈리아에 갔다가 오페라에 매료되었다. 토리노 음악원과 왕립극장에서 연출공부를 하면서 오페라에 대한 열정과 전문성을 키워나갔다.

이를 바탕으로 현재 이탈리아에서 오페라 연출가, 공연 및 행사 기획자, 이탈리아 예술 문화 전문가, 통역사, 번역사 등 다양한 영역에서 활동하고 있다.

이탈리아의 한국대사관(문화원) 등과 함께 한국을 알리는 문화행사들을 주관 기획하였으며, 밀라노 총영사관과 협력하여 K-pop을 알리는 행사도 여러 차례 개최하였다. 또한 기업들의 통역은 물론이고 유럽과 아시아의 정상들이 모이는 행사에서 통역단을 총지휘하여 그 역량을 인정받는 등 분야를 넘나드는 통·번역사로서 많은 활동을 하고 있다. 2017년에는 『다빈치의 비밀노트』를 번역해 펴내기도 했다.

현재 한이문화교류협회 노리메이커스 대표, 멜로스 아트컴퍼니 대표, 멜로스 아카데미 원장으로 있으면서 교육과 더불어 한국인 예술가들의 유럽 진출을 위해서 노력하고 있다. 특히 세계적인 성악가 및 오페라 코치들과 함께 'Visrtusio & belcanto 마스터 클래스'에 오페라 연기 지도 코치로 참여할 정도로 현지에서 인정받아 그 활동을 넓혀가고 있다.

네이버 블로그: 올 댓 이탈리아

blog.naver.com/season2milan

오페라 연기노트 시리즈 1

라 보엠 LA BOHÈME

초판 1쇄 인쇄 2018년 5월 16일 | **초판 1쇄 발행** 2018년 5월 24일
자코모 푸치니 작곡 | 주세페 자코사·루이지 일리카 극본
이동미 편저 | **펴낸이 김시열**
펴낸곳 도서출판 자유문고
(02832) 서울시 성북구 동소문로 67-1 성심빌딩 3층
전화 (02) 2637-8988 | 팩스 (02) 2676-9759
ISBN 978-89-7030-125-9 94670 값 23,000원
ISBN 978-89-7030-124-2 (총서)
http://cafe.daum.net/jayumungo (도서출판 자유문고)